国之重器出版工程

制 造 强 国 建 设

2019—2020 年中国工业和信息化发展系列蓝皮书

U0732856

2019—2020 年
中国消费品工业发展蓝皮书

中国电子信息产业发展研究院　编　著

刘文强　主　编

李博洋　代晓霞　副主编

电子工业出版社

Publishing House of Electronics Industry

北京·BEIJING

内 容 简 介

本书基于全球化视角，从 2019 年全球及我国消费品工业整体发展态势入手，详细介绍了我国消费品工业重点行业、典型地区、代表性企业的发展状况，梳理并剖析了国家相关政策对消费品工业发展的影响，预判了 2020 年我国消费品工业及其细分行业的发展走势。全书分为综合篇、行业篇、区域篇、三品战略篇、企业篇、政策篇、热点篇、展望篇八个部分。

本书可为政府部门、相关企业及从事相关政策制定、管理决策和咨询研究的人员提供参考，也可以供高等院校相关专业师生及对消费品工业感兴趣的读者学习。

图书在版编目（CIP）数据

2019—2020 年中国消费品工业发展蓝皮书 / 中国电子信息产业发展研究院编著；刘文强主编. —北京：电子工业出版社，2020.11
（2019—2020 年中国工业和信息化发展系列蓝皮书）
ISBN 978-7-121-39922-0

Ⅰ. ①2⋯　Ⅱ. ①中⋯ ②刘⋯　Ⅲ. ①消费品工业－工业发展－研究报告－中国－2019-2020　Ⅳ. ①F426.8

中国版本图书馆 CIP 数据核字（2020）第 218148 号

责任编辑：许存权
印　　刷：固安县铭成印刷有限公司
装　　订：固安县铭成印刷有限公司
出版发行：电子工业出版社
　　　　　北京市海淀区万寿路 173 信箱　　邮编：100036
开　　本：720×1 000　1/16　印张：12.25　字数：274.4 千字　彩插：1
版　　次：2020 年 11 月第 1 版
印　　次：2020 年 11 月第 1 次印刷
定　　价：198.00 元

凡所购买电子工业出版社图书有缺损问题，请向购买书店调换。若书店售缺，请与本社发行部联系，联系及邮购电话：（010）88254888，88258888。
质量投诉请发邮件至 zlts@phei.com.cn，盗版侵权举报请发邮件至 dbqq@phei.com.cn。
本书咨询联系方式：（010）88254484，xucq@phei.com.cn。

《国之重器出版工程》
编辑委员会

专家委员会委员（按姓氏笔画排列）：

于　全	中国工程院院士
王　越	中国科学院院士、中国工程院院士
王小谟	中国工程院院士
王少萍	"长江学者奖励计划"特聘教授
王建民	清华大学软件学院院长
王哲荣	中国工程院院士
尤肖虎	"长江学者奖励计划"特聘教授
邓玉林	国际宇航科学院院士
邓宗全	中国工程院院士
甘晓华	中国工程院院士
叶培建	人民科学家、中国科学院院士
朱英富	中国工程院院士
朵英贤	中国工程院院士
邬贺铨	中国工程院院士
刘大响	中国工程院院士
刘辛军	"长江学者奖励计划"特聘教授
刘怡昕	中国工程院院士
刘韵洁	中国工程院院士
孙逢春	中国工程院院士
苏东林	中国工程院院士
苏彦庆	"长江学者奖励计划"特聘教授
苏哲子	中国工程院院士
李寿平	国际宇航科学院院士

郑纬民　中国工程院院士

郑建华　中国科学院院士

屈贤明　国家制造强国建设战略咨询委员会委员、工业
　　　　和信息化部智能制造专家咨询委员会副主任

项昌乐　中国工程院院士

赵沁平　中国工程院院士

郝　跃　中国科学院院士

柳百成　中国工程院院士

段海滨　"长江学者奖励计划"特聘教授

侯增广　国家杰出青年科学基金获得者

闻雪友　中国工程院院士

姜会林　中国工程院院士

徐德民　中国工程院院士

唐长红　中国工程院院士

黄　维　中国科学院院士

黄卫东　"长江学者奖励计划"特聘教授

黄先祥　中国工程院院士

康　锐　"长江学者奖励计划"特聘教授

董景辰　工业和信息化部智能制造专家咨询委员会委员

焦宗夏　"长江学者奖励计划"特聘教授

谭春林　航天系统开发总师

前 言

消费品工业是国民经济和社会发展的基础性、民生性、支柱性、战略性产业，涵盖了轻工、纺织、食品、医药等工业门类。改革开放 40 多年来，我国消费品工业稳步、快速发展，规模持续壮大，结构不断变化，技术装备水平稳步提高，已经建立了较为完善的产业体系，国际化程度日趋加深，成了世界消费品制造和采购中心，对国内外消费需求的保障和引领作用进一步增强。

2019 年是完成"十三五"规划目标的关键一年，也是推进消费品工业供给侧结构性改革、深入实施"三品"战略的重要一年。消费品工业坚持创新驱动，以产业转型和结构调整为主线，积极推动创意设计和品牌建设，促进产业集群发展提升，加强国际产能合作，培育发展新动能，坚定不移推动高质量发展。全年轻工（含食品）、纺织、医药三大子行业增加值同比分别增长 4.5%、2.4% 和 7.6%。

进入 2020 年，我国消费品工业面临的内外部环境依然复杂严峻。国际方面，受新冠疫情影响，全球消费需求受到严重抑制，贸易摩擦面临不确定性，消费品工业出口形势不容乐观。国内方面，结构调整阵痛持续，财政政策加力增效，消费品工业发展机遇与挑战并存。

为全面把握过去一年我国消费品工业的发展态势，总结评述消费品工业领域一系列重大问题，中国电子信息产业发展研究院消费品工业研究所在积极探索实践的基础上，继续组织编写了《2019—2020 年中国消费品工业发展蓝皮书》。该书基于全球化视角，从 2019 年全球及我国消费品工业整体发展态势入手，详细介绍了我国消费品工业重点行业、典型地区、代表性企业的发展状况，梳理并剖析了国家相关政策对消费品工业发展的影响，预判了 2020 年我国消费品工业及其细分行业的发展走势。全书共分综合篇、行业篇、区域篇、三品战略篇、企业篇、政策篇、热点篇、展望篇八个部分。

综合篇。从整体、区域和国家重点行业三个层面分析了 2019 年全球消费品工业的发展情况，然后从发展现状、存在问题两个维度分析了 2019 年我国消费品工业的发展状况，并提出相关对策建议。

行业篇。选取纺织、生物医药及高性能医疗器械和食品工业三大消费品子行业，分析行业发展态势，剖析存在的突出问题。在发展态势方面，重点从生产、效益以及重点产品或重点领域三个维度展开分析。

区域篇。以典型省份为切入点，分析 2019 年我国东部、中部、西部三大区域消费品工业的发展情况，重点分析运行、出口、效益等指标的基本情况，并总结归纳各地区消费品工业的发展经验与启示。

三品战略篇。从"增品种、提品质、创品牌"三个维度入手，介绍典型城市三品战略的主要内容和成果，总结分析其成功经验。

企业篇。选取轻工、食品、医药等行业中发展较好，具有代表性的几家企业，就其发展历程、发展战略及发展启示进行了分析和整理。

政策篇。梳理总结了 2019 年我国消费品工业领域出台的重点政策，介绍了各行业政策的主要内容和发力点，分析了政策对行业未来发展的影响。

热点篇。选取医药、轻工和食品行业中对行业影响力大的热点事件进行分析，从事件背景、存在问题和主要启示三方面进行剖析，深入研究热点事件背后的行业发展趋势与动向。

展望篇。首先，梳理了国内主要研究机构对 2020 年全球消费品工业发展形势的预判；其次，从整体、重点行业两个方面对 2020 年我国消费品工业的发展态势进行预判。

2020年，我国消费品工业发展既面临困难与挑战，也不乏有利因素。为促进消费品工业平稳健康发展，必须全面贯彻落实十九大和十九届二中、三中、四中全会精神，以深化"三品"专项行动为抓手，着力推进四个方面工作：一是践行"三品"战略，撬动新的消费增长点；二是加快绿色转型，增强产业内生发展动力；三是实施创新驱动，提升产业综合竞争力；四是加强工作指导，全力推进复工复产。

作为消费品工业领域的一家专业研究机构，中国电子信息产业发展研究院消费品工业研究所拥有一批专业人才，具备了较强的研究能力，该所成立9年多以来先后承担了多项课题的研究，对我司工作给予了大力支持。《2019—2020年中国消费品工业发展蓝皮书》内容丰富，资料详实，具有一定参考价值。但由于消费品工业行业众多，国家间、行业间、地区间差异大，需要深入研究探讨和专题研究的问题很多，因此本书的疏漏和不足在所难免，希望读者以爱护和支持的态度不吝批评指正。

工业和信息化部消费品工业司

注：因为有些数据有滞后性，所以书中有些引用的分析数据是往年的数据。

目 录

综 合 篇

区 域 篇

三品战略篇

企 业 篇

政　策　篇

热 点 篇

展 望 篇

综 合 篇

第一章

2019 年全球消费品工业发展状况

2019 年，美国贸易保护政策加剧多边贸易体系危机，全球主要经济体复苏动力减弱，消费品工业整体增长态势放缓，各子行业呈现分化增长。从主要国家看，EIE 及其他发展中国家消费品工业大部分子行业增速高于发达国家，重点依靠服装、食品与饮料，以及烟草等行业。从具体行业来看，基本药物和服装产品增速最快，领跑整个消费品工业，制药重点国家德国的产业集中度提升，产值和销售收入双提升。其他行业增速相比于 2018 年同期略有下降，法国食品饮料工业和意大利纺织服装工业增速同比略有放缓。展望 2020 年，全球受新冠肺炎疫情影响，世界经济可能面临巨大压力甚至产生衰退。全球消费品工业整体表现将与整体制造业相同态势，基本药物、纺织（熔喷无纺布）、食品与饮料等与疫情防控息息相关的细分行业可能有一定增长空间，但整体消费品行业承受巨大压力仍不容忽视。

第一节　产业发展整体态势

2019 年，世界经济陷入同步放缓境地，主要发达经济体和新兴市场经济体的经济景气程度均出现不同程度回落，其中，发达经济体增速为 1.7%，新兴经济体和发展中国家增速为 3.9%。主要经济体方面，美国经济依旧保持温和扩张态势，其中消费是美国经济最强发动机，2019 年前三季度占美国经济约七成的个人消费支出增幅分别为 1.1%、4.6% 和 2.9%，分别拉动 GDP 增长 0.78、3.03 和 1.97 个百分点；欧洲经济增长停滞不前，全球贸易关系紧张严重恶化了欧洲的出口形势，主要经济体增长势头疲弱；日本经济增长趋缓，2019 年 10 月 1 日日本政府将消费税从 8%提高至 10%，消费税提前透支个人消费，导致未来日本或将面临内需下滑的窘境；新兴经济体和发展中国家经济增长态势继续分化，印度、南非等增速下滑明显，俄罗斯、巴西等增长较为乐观。中国 2019 年社会消费品销售额同比增长 8%。前消费支出对经济增长的贡献率达到了 60.5%。中国消费正在高基数基础上加快增长。制造业方面，2019 年全球制造业增速延续了 2018 年的放缓趋势。2019 年 1—4 季度整体制造业同比增速分别为 2.5%、1.7%、1.2%和 0.7%。在此背景下，消费品工业整体增长态势相较上年也略有放缓。

消费品行业发展态势方面，与整体制造业相比，各子行业呈现分化式发展。2019 年 1—4 季度，消费品各子行业发展情况见表 1-1，其中，基本药物和服装产品增速最快，基本药物 4 个季度增速分别为 3.4%、3.6%、3.4%和 3.0%，分别超过同期整体制造业同比增速 0.9、1.9、2.2和 2.3 个百分点。服装 1—2 季度增速分别为 4.3%和 2.4%。烟草 1—4 季度保持较高同比增速，整体增速相比 2018 年同期各有提高。食品和饮料、纺织、皮革与鞋帽、木材加工、造纸、印刷与出版、橡胶与塑料、家具以及其他制造业产出与上年同期相比略有下降。

表 1-1 2018—2019 年全球主要消费品行业产出同比增速

行业	2018Q1	2018Q2	2018Q3	2018Q4	2019Q1	2019Q2	2019Q3	2019Q4
食品和饮料	4.8%	3.4%	2.9%	1.6%	2.3%	1.9%	1.7%	1.6%
烟草	-0.1%	1.3%	1.6%	-1.4%	3.4%	0.9%	-0.2%	-0.7%
纺织	1.5%	0.5%	0.4%	-0.4%	0.9%	-0.6%	-0.6%	-0.5%
服装	3.0%	2.5%	3.9%	3.4%	4.3%	2.4%	0.0%	0.1%
皮革与鞋帽	3.7%	3.7%	2.4%	3.4%	2.4%	0.0%	0.2%	-1.7%
木材加工	3.3%	1.9%	2.0%	-0.3%	0.2%	-0.8%	-2.5%	-0.6%
造纸	0.7%	0.7%	0.4%	-0.1%	0.5%	-0.9%	-0.5%	-0.2%
印刷与出版	1.0%	0.6%	0.3%	-0.2%	-1.2%	-2.1%	-1.9%	-2.7%
橡胶与塑料	2.3%	2.0%	1.1%	0.0%	1.1%	-0.4%	-0.7%	-1.2%
基本药物	7.1%	8.2%	6.4%	4.7%	3.4%	3.6%	3.4%	3.0%
家具	1.7%	1.1%	0.2%	0.4%	0.4%	-0.4%	0.1%	-0.1%

续表

行业	2018Q1	2018Q2	2018Q3	2018Q4	2019Q1	2019Q2	2019Q3	2019Q4
其他制造业	0.9%	1.5%	2.1%	2.4%	3.7%	1.5%	1.1%	-0.6%
整个制造业	4.2%	3.8%	3.2%	2.4%	2.5%	1.7%	1.2%	0.7%

数据来源：UNIDO Statistics，2020 年 3 月

　　全球消费者信心指数方面，如图 1-1 所示，美国经济延续 2018 年温和增长趋势，2019 年全年消费者信心指数维持在 96 点上下，相比上年下降 2.4%左右，表现在就业机会增加和工资增长带动家庭收入稳步增长，家庭资产负债表持续改善。从各月来看，5 月消费者信心指数达到高点 100.0。欧元区方面，经济景气程度再度回落，工业产出持续走弱。消费者信心指数延续了 2017 年和 2018 年的下滑，其中 12 月指数为-7.0，达到 2016 年 8 月以来的最低水平。此外，贸易盈余不及预期，居民消费支出放缓，欧元区企业投资信心跌至 34 个月以来的新低。日本全年消费者信心指数维持在 38.9 左右，较上年平均下降 10.8%，10 月提升消费税对未来影响更大。中国经济保持中高速增长，消费者信心指数维持在 124.6 左右，较 2018 年平均指数增长了 2.8%。综合国力、制造业能力和国际影响力均迈上新台阶。

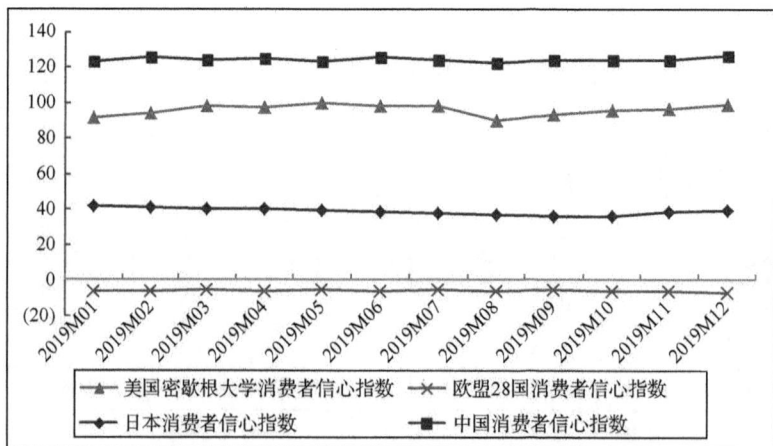

图 1-1　2019 年 1—12 月主要经济体消费者信心指数变化情况
数据来源：Wind 数据库，2020 年 3 月

第二节　主要国家消费品工业发展情况

一、发达国家

2019 年，发达经济体整体制造业 1—4 季度增速较上年同期均有不同程度下滑，分别同比下滑 2.5%、2.9%、2.4% 和 3.2%。与整体制造业相比，消费品工业各子行业 1—4 季度增长态势差异较大，具体见表 1-2。基本药物产品依旧保持了最好的发展态势，1—4 季度增速分别为 3.1%、2.3%、2.1% 和 1.5%，分别比整体制造业高出 2.7、2.7、2.8 和 3.6 个百分点，但相较上年增速有所下降，1—4 季度分别下降了 2.7%、6.9%、3.3% 和 3.1%。食品与饮料行业 1—4 季度均保持正向增速，特别是 4 季度增速超过上年同期。烟草行业增速虽然继续保持下滑趋势，但下滑速度较 2018 年有所放缓。此外，纺织、服装、木材加工（不含家具）、皮革与鞋帽、造纸、印刷与出版、橡胶塑料制品、家具等子行业 1—4 季度增速相比上年均有不同程度下降。

表 1-2　2018—2019 年发达经济体主要消费品行业产出同比增速

行业	2018Q1	2018Q2	2018Q3	2018Q4	2019Q1	2019Q2	2019Q3	2019Q4
食品和饮料	2.4%	2.1%	1.4%	0.5%	1.5%	0.8%	1.2%	1.6%
烟草	−7.6%	−5.5%	−2.9%	0.1%	−2.1%	−4.1%	−3.2%	−2.4%
纺织	1.1%	0.0%	−1.2%	−2.3%	−2.6%	−3.7%	−2.8%	−4.7%
服装	−1.4%	0.4%	−1.8%	−2.2%	−2.5%	−6.9%	−10.5%	−3.7%
皮革与鞋帽	1.6%	0.5%	0.9%	−1.7%	−0.4%	−1.2%	−2.8%	−3.7%
木材加工	2.9%	2.6%	1.6%	−0.8%	−1.2%	−1.3%	−2.8%	−1.3%
造纸	0.2%	0.4%	−0.4%	−1.2%	−1.0%	−3.1%	−2.4%	−2.8%
印刷与出版	−0.7%	−0.8%	−0.2%	−1.6%	−3.8%	−4.0%	−3.5%	−3.9%
橡胶与塑料	2.1%	0.9%	0.0%	−0.2%	0.2%	−1.1%	−1.7%	−2.8%
基本药物	5.8%	9.2%	5.4%	4.6%	3.1%	2.3%	2.1%	1.5%
家具	−0.4%	0.0%	−1.1%	−1.0%	−0.6%	−1.3%	0.4%	−0.6%
其他制造业	−0.5%	0.9%	1.3%	1.7%	3.3%	1.1%	1.5%	0.1%
整个制造业	2.9%	2.5%	1.7%	1.1%	0.4%	−0.4%	−0.7%	−2.1%

数据来源：UNIDO Statistics，2020 年 3 月

二、新兴经济体（EIE）及其他发展中国家

2019 年，EIE 及其他发展中国家制造业增速从 1 到 4 季度大幅放缓，2019 年 1—4 季度分别同比增长 0.8%、1.0%、0.2% 和 0.7%，相较上年同期分别下降 4.0%、2.7%、2.8% 和 0.2%。消费品工业发展趋势逐步放缓，但各子行业与制造业发展态势具有较大差别。

消费品工业各子行业增长态势显著分化，具体见表 1-3。其中，服装行业保持最快增速，增速分别为 8.3%、8.5%、6.4% 和 3.7%，相较上年同期分别提高 5.8、5.8、0.5 和 -2.3 个百分点。基本药物产品增速排名第二，1—4 季度增速分别达到 0.9%、4.5%、3.1% 和 4.7%。1—4 季度食品与饮料全年保持中等增速，增速分别为 1.4%、2.4%、2.7% 和 2.5%，相较整体制造业分别高出 0.6、1.4、2.5、1.8 个百分点。烟草行业 1 季度增速大幅提升，达到 6.3%，相较上年同期提高 6.9%。其他消费品制造业 1—2 季度发展态势较好，增速分别达到 3.1% 和 1.6%，相较上年分别提升 5.7% 和 7.2%。2—4 季度，印刷与出版增速相较上年大幅提升，分别达到 1.4%、10.0% 和 2.2%。与此同时，纺织、皮革与鞋帽、木材加工（不含家具）、造纸、橡胶与塑料制品、家具等子行业 1—4 季度增速相较上年同期均有不同程度下降。

表 1-3　2018—2019 年前 3 季度 EIE 及其他发展中国家主要消费品行业
产出同比增速

行业	2018Q1	2018Q2	2018Q3	2018Q4	2019Q1	2019Q2	2019Q3	2019Q4
食品和饮料	7.3%	4.7%	3.8%	0.7%	1.4%	2.4%	2.7%	2.5%
烟草	-0.6%	-2.1%	-1.8%	1.7%	6.3%	0.4%	-3.7%	-4.1%
纺织	3.5%	2.1%	1.9%	-1.2%	-1.6%	-0.9%	-1.9%	1.1%
服装	2.5%	2.7%	5.9%	6.0%	8.3%	8.5%	6.4%	3.7%
皮革与鞋帽	4.8%	4.6%	2.6%	4.0%	-1.5%	-2.9%	0.2%	-1.9%
木材加工	4.0%	1.7%	1.8%	-3.8%	-3.6%	-3.4%	-4.7%	-2.0%
造纸	0.8%	0.8%	3.3%	1.3%	-0.1%	0.9%	-2.1%	-0.8%
印刷与出版	3.9%	3.3%	-4.8%	-1.8%	2.6%	4.7%	5.2%	0.4%
橡胶与塑料	2.4%	3.1%	3.2%	-1.8%	-1.8%	-2.5%	-4.0%	-2.3%
基本药物	7.6%	2.6%	6.5%	1.7%	0.9%	4.5%	3.1%	4.7%

续表

行业	2018Q1	2018Q2	2018Q3	2018Q4	2019Q1	2019Q2	2019Q3	2019Q4
家具	5.4%	1.1%	-0.7%	1.4%	0.0%	0.6%	-2.3%	-1.1%
其他制造业	-2.6%	-5.6%	-0.5%	0.2%	3.1%	1.6%	-0.4%	-4.4%
整个制造业	4.8%	3.7%	3.0%	0.5%	0.8%	1.0%	0.2%	0.7%

数据来源：UNIDO Statistics，2020 年 3 月

第三节　医药工业重点国家发展情况（德国）

德国作为欧洲第一经济大国，其制药领域在全球上占有举足轻重的地位。目前，德国在创新药物相关的专利数量和新药上市数量等方面都处于国际领先水平。德国实施创新药物集群培育方案，强化平台之间联合。市场规模方面，德国医药市场排名全球第三、欧盟第一，德国医药工业是制造业的重要组成部分，拥有拜耳等全球知名医药工业企业。医药企业平均产值显著高于整体制造业，具体见表1-4。2019 年德国医药工业产值为 518.0 亿欧元，相较上年同期大幅增长，涨幅达到 40.9%，占全工业比重由 2.0%提升为 2.8%。2019 年，德国医药集中度提升，医药工业企业总计 515 家，其中基本制剂企业和药物企业分别为 450 家和 64 家,相较上年分别减少 30 和 15 家;2019 年德国医药市场规模为 603.7 亿欧元，相较上年增长 42.6%，其中基本制剂和药物销售收入分别为 589.1 亿欧元和 14.6 亿欧元，分别增长了 43.6%和 12.5%；医药行业就业人数达到 13.4 万人，比上年增加 1.5 万从业人员。医药企业数量占整体制造业的 0.3%，但产值占比达到 2.8%，意味着医药企业平均产值为整体制造业的 9.3 倍。

表 1-4　2019 年德国医药工业经济指标

指标	制造业	基本药物	制剂	医药工业	占比
企业数量（家）	189701	64	450	515	0.3%
销售收入（亿欧元）	21279.6	14.6	589.1	603.7	2.8%
产值（亿欧元）	18805.73	14.6	503.4	518.0	2.8%
就业人数（人）	7482534	4923	128819	133743	1.6%

数据来源：Eurostat，2020 年 3 月

2019 年，德国整体制造业发展缓慢，其中制造业生产指数平均相较上年下降 4.7%。医药工业发展态势好于制造业，如图 1-2 所示，产值为 518.0 亿欧元，相较上年同期大幅增长，涨幅达到 40.9%。其中，制剂产值达到 503.4 亿欧元，产值比上年增加 49 亿欧元，基本药物产值达为 14.6 亿欧元，产值比上年增加 1.5 亿欧元。2019 年医药工业生产指数相对比较平稳，如图 1-3 所示，制造业、医药工业、基本药物和制剂生产指数平均值分别为 100.8、106.3、110.7 和 106.2。制药工业方面，除 8、12 月份外，各月的生产指数在 95 到 105 之间波动，其中 5、10 月生产指数达到了顶峰，分别为 115.4 和 115.6。从产业结构看，2019 年全年制药工业与制剂子行业生产指数基本重合，同步率非常高，主要原因是制剂为制药工业做出了主要贡献。

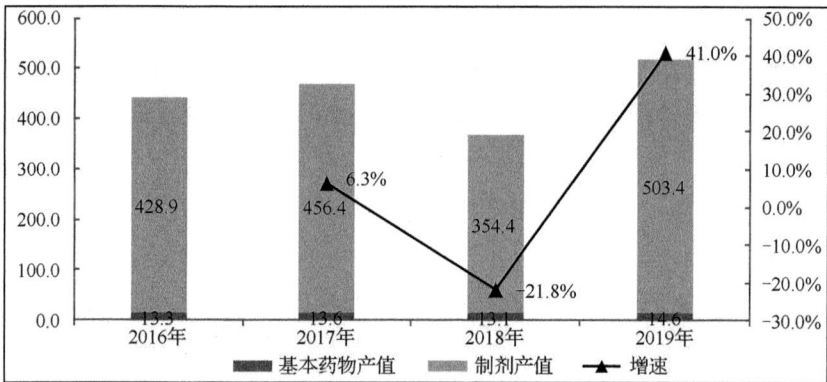

图 1-2　2016—2019 年德国医药工业产值情况（单位：亿欧元）
数据来源：Eurostat，2020 年 3 月

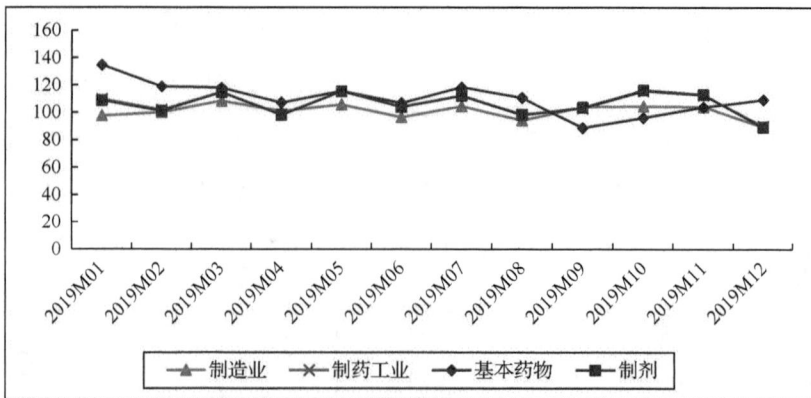

图 1-3　2019 年 1—12 月德国制药工业生产指数变化情况
数据来源：Eurostat，2020 年 3 月

销售收入方面,2019年德国医药工业销售态势较好。如图1-4所示,总销售额为603.7亿欧元,相较2018年销售收入增加了42.6%。从销售收入结构来看,制剂为制药工业的主要产品,制剂实现销售收入589.1亿欧元,比上年增加178.8亿欧元,涨幅达到43.6%。基本药物实现销售收入14.6亿欧元,比上年增加1.6亿欧元,同比增长12.5%。具体到每个月情况,如图1-5所示,制造业和医药工业1—12月销售收入指数波动幅度较大、全年平均销售收入指数分别达到106.9和104.8。从销售目的地来看,国内销售大幅下降,国外销售是维持销售收入的主要来源。

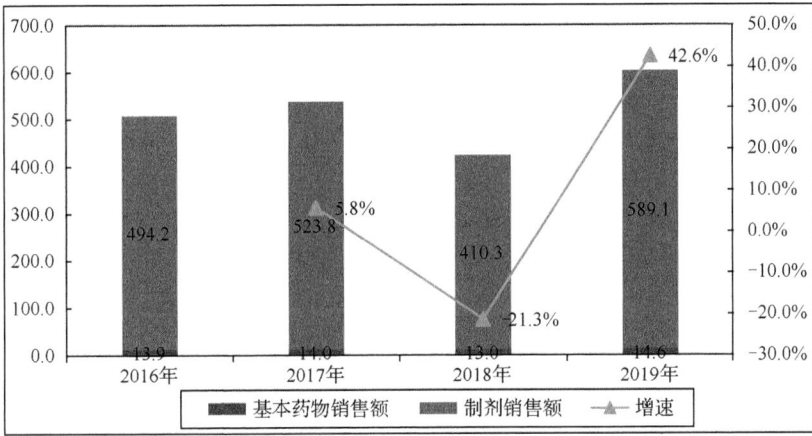

图1-4 2016—2019年德国医药工业销售收入情况(单位:亿欧元)

数据来源:Eurostat,2020年3月

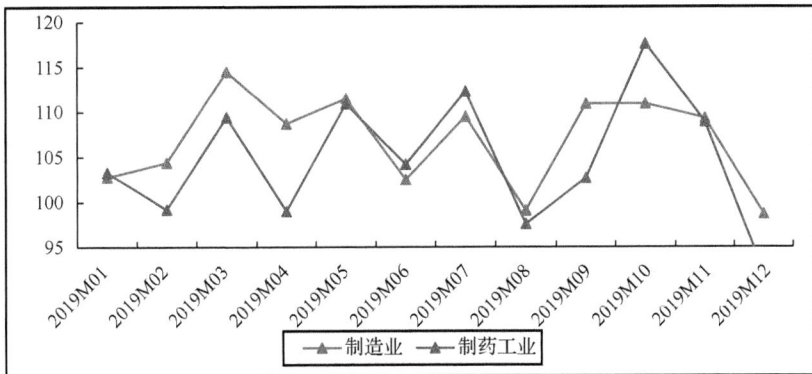

图1-5 2019年1—12月德国制药工业销售收入指数

数据来源:Eurostat,2020年3月

出厂价格指数方面，如图 1-6 所示，制药工业及子行业出厂价格指数均低于整体工业出厂价格指数，2019 年制造业、医药工业、基本药物和制剂各月出厂价格指数均值分别为 103.7、98.4、101.3 和 98.2，各子行业全年产品出厂价格指数比较稳定，其中制剂行业与制药工业整体出厂价格指数保持高度同步率。

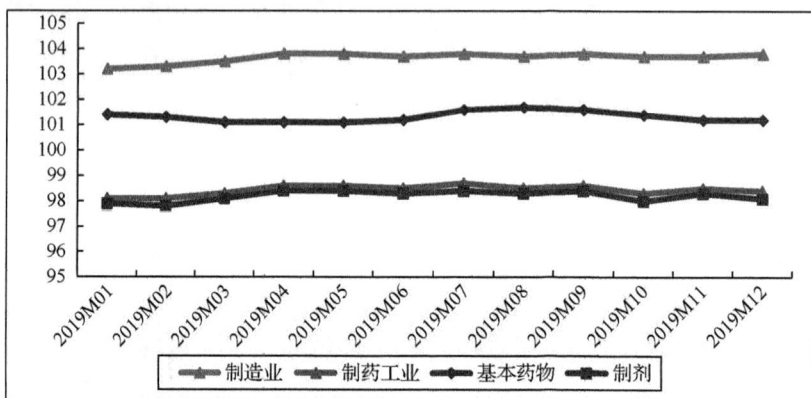

图 1-6　2019 年 1—12 月德国制药工业出厂价格指数

数据来源：Eurostat，2020 年 3 月

德国是全球排名前列的医药出口国。从出口目的地来看，德国医药凭借着产品质量优势，主要出口到发达国家。2019 年，德国医药出口总额达 969.4 亿美元，同比增加 129.8 亿美元，增幅达到 15.5%。其中，前十大出口国或地区分别为美国、荷兰、瑞士、爱尔兰、意大利、英国、法国、中国、比利时和日本，累计份额为 68.4%，同比增长了 0.6%，具体见表 1-5。其中向爱尔兰、意大利、比利时、法国、荷兰、中国、美国和日本等出口产品出口额分别同比上涨 237.2%、76.4%、19.4%、16.1%、15.1%、11.9%、7.4% 和 3.1%，英国和瑞士出口市场出口额分别同比下降 14.7% 和 5.9%。

表 1-5　2019 年德国医药工业出口情况

出口地	2017 年出口（亿美元）	2018 年出口（亿美元）	同比增长	占总出口份额
全球	839.6	969.4	15.5%	100.0%
美国	147.2	158.0	7.4%	16.3%

续表

出口地	2017 年出口（亿美元）	2018 年出口（亿美元）	同比增长	占总出口份额
荷兰	97.8	112.6	15.1%	11.6%
瑞士	90.0	84.7	−5.9%	8.7%
爱尔兰	19.0	64.1	237.2%	6.6%
意大利	31.2	55.0	76.4%	5.7%
英国	57.4	49.0	−14.7%	5.1%
法国	41.0	47.5	16.1%	4.9%
中国	29.7	33.3	11.9%	3.4%
比利时	25.0	29.8	19.4%	3.1%
日本	28.3	29.1	3.1%	3.0%

数据来源：Comtrade，2020 年 3 月

进口方面，2019 年，德国医药总进口 580.2 亿美元，同比增长 8.0%。从进口来源地来看，德国对医药产业质量要求较高，主要进口来源地基本为发达国家。其中，前十大进口来源地分别为荷兰、瑞士、美国、爱尔兰、意大利、法国、比利时、英国、西班牙和澳大利亚，累计份额为 82.0%，较上年下降了 1.6 个百分点，具体见表 1-6。其中从西班牙、法国、瑞士、意大利、爱尔兰、澳大利亚和荷兰等国进口额分别同比上涨 29.3%、21.8%、14.4%、13.4%、11.9%、10.4% 和 4.0%。从美国、比利时、英国等进口来源地进口额均同比下降。

表 1-6　2019 年德国医药工业进口情况

进口地	2018 年进口（亿美元）	2019 年进口（亿美元）	同比增长	占总进口份额
全球	537.0	580.2	8.0%	100.0%
荷兰	105.8	110.0	4.0%	19.0%
瑞士	87.0	87.0	14.4%	17.2%
美国	85.4	79.0	−7.5%	13.6%
爱尔兰	35.8	40.1	11.9%	6.9%
意大利	29.6	33.6	13.4%	5.8%
法国	26.9	32.8	21.8%	5.7%

同比增长 1.4%。饮料行业产值为 284.0 亿欧元，产值比上年减少 82.8 亿欧元，同比下降 29.6%。2019 年 1—12 月，制造业、食品工业、食品和饮料工业生产指数均值分别为 104.3、98.2、97.9 和 99.9。各月生产指数波动较大，如图 1-10 所示，除 8 月外，食品工业生产指数均低于整体制造业。从子行业看，食品行业生产情况与食品工业整体生产水平非常接近。其中，食品工业与上年形势非常类似，10 月达到峰值 110.3，2 月达到最低点 91.3，各月指数平均数低于整体制造业指数平均数 6.4；饮料工业生产指数 7 月达到峰值 118.4，2 月达到最低点 82.0，各月指数平均数比整体制造业指数平均数低 4.4。

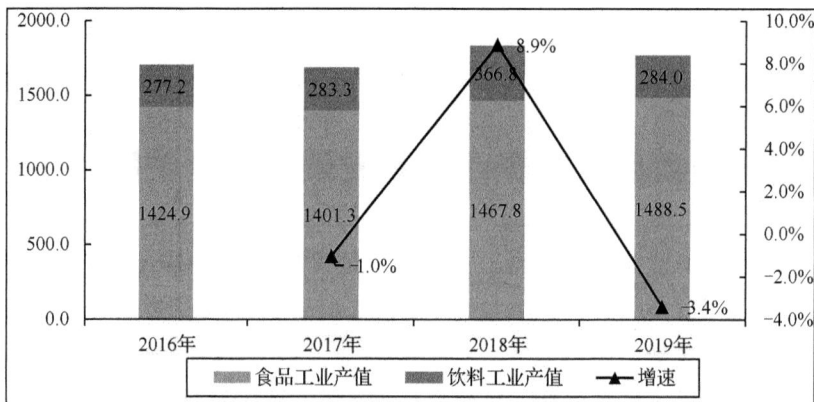

图 1-9　2016—2019 年法国食品工业产值情况（单位：亿欧元）

数据来源：Eurostat，2020 年 3 月

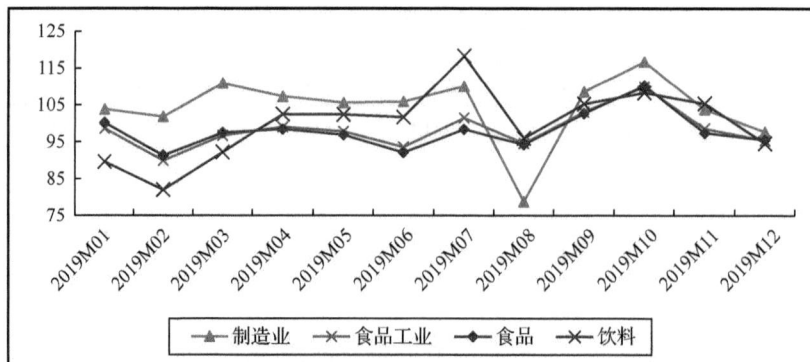

图 1-10　2019 年 1—12 月法国食品工业生产指数变化情况

数据来源：Eurostat，2020 年 2 月

销售收入方面，2019 年法国食品销售收入相比上年出现小幅下降，如图 1-11 所示，总销售额为 2130.7 亿欧元，相较 2018 年销售收入下降 6.6%。从销售收入结构来看，食品为食品工业的主要产品，食品工业实现销售收入 1817.6 亿欧元，比上年减少 18.5 亿欧元，同比下降 1.0%。饮料工业实现销售收入 313.1 亿欧元，比上年减少 131.8 亿欧元，同比下降 29.6%。2019 年 1—12 月，如图 1-12 所示，食品工业和食品工业销售收入指数延续了 2018 年的波动中增长态势。其中，食品行业各月销售收入指数 12 月达到峰值 121.2，2 月为最低点 97.3，各月指数平均数为 108.3，比整体制造业指数平均数低 4.1；饮料工业生产指数 11 月达到峰值 121.6，2 月为最低点 94.6，各月指数平均数为 112.1，比整体制造业指数平均数低 0.3。

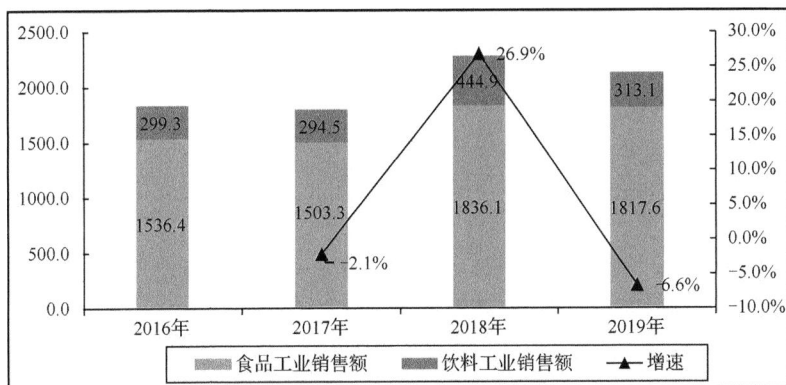

图 1-11   2016—2019 年法国食品工业销售收入情况（单位：亿欧元）
数据来源：Eurostat，2020 年 3 月

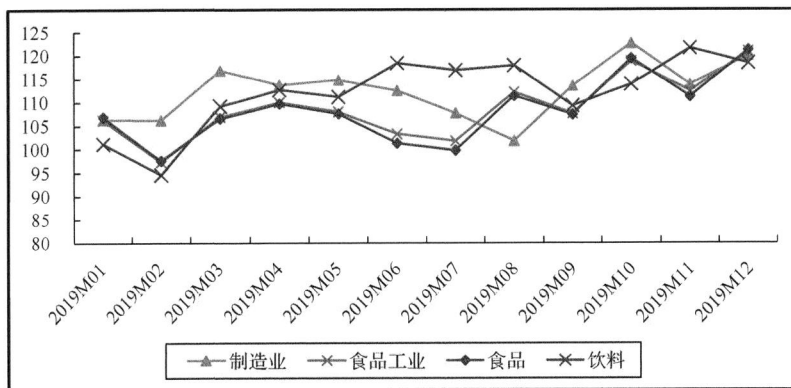

图 1-12   2019 年 1—12 月法国食品工业销售收入指数变化情况
数据来源：Eurostat，2020 年 2 月

产品价格方面，2019 年法国食品与饮料行业全年出厂价格处于缓慢上升的态势。如图 1-13 所示，2019 年 1—12 月，食品工业价格出厂价格指数在 101.0～102.0 范围波动。从细分领域来看，2019 年 1—12月，法国饮料制造各月生产指数均远高于食品工业，略高于整个制造业出厂价格指数水平，11—12 月达到峰值 104.1，2 月为最低点 103.3，各月指数平均数为 103.8，比整体制造业指数平均数高 1.2，比上年指数平均数高 1.3；食品行业价格指数 12 月达到峰值 102.4，1 月为最低点 100.6，各月指数平均数为 101.2，比整体制造业指数平均数低 1.4。

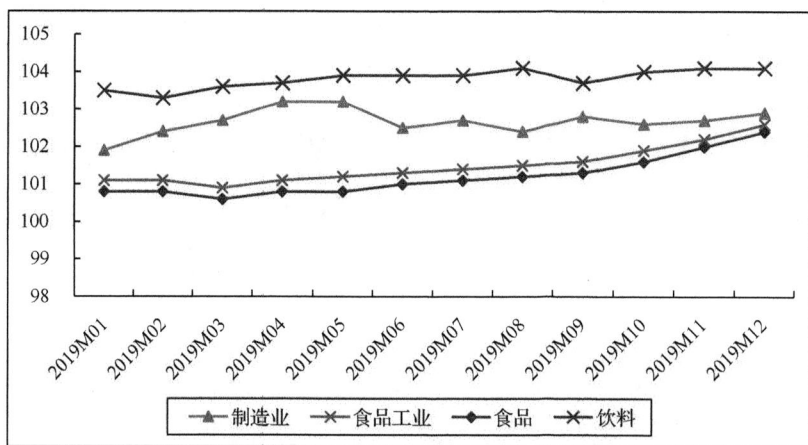

图 1-13　2019 年 1—12 月法国食品工业出厂价格指数变化情况
数据来源：Eurostat，2020 年 3 月

进出口方面，2019 年，法国食品贸易顺差为 76.6 亿美元。从出口来看，食品饮料工业 2018 年出口总额达 637.3 亿美元，排名前十的出口目的地国家或地区分别是比利时、德国、英国、意大利、美国、西班牙、荷兰、中国、瑞士和阿尔及利亚，累计份额达 69.4%，相较上年累计份额下降 0.2%。除出口中国的同比减少 5%，出口到其他国家均实现不同程度同比增长，具体见表 1-8。从进口来看，食品行业 2019 年进口总额 560.7 亿美元，同比增长 5.0%。其中，前十大进口来源地分别为西班牙、比利时、德国、荷兰、意大利、英国、瑞士、波兰、摩洛哥和美国，累计份额为 70.6%，较上年增长 1.1 个百分点。其中，增长最快的是波兰和意大利，同比增长分别达到 17.2% 和 10.4%，其他各国也有不同程度增长，具体见表 1-9。

表 1-8　2019 年法国食品行业出口情况

出口目的地	2018 年出口（亿美元）	2019 年出口（亿美元）	同比增长	占总出口份额
全球	597.9	637.3	6.6%	100.0%
比利时	66.9	68.8	2.9%	10.8%
德国	65.0	67.4	3.8%	10.6%
英国	54.0	57.7	6.8%	9.1%
意大利	52.6	55.6	5.9%	8.7%
美国	45.2	49.8	10.0%	7.8%
西班牙	44.8	47.7	6.3%	7.5%
荷兰	31.9	35.2	10.4%	5.5%
中国	26.4	25.1	−5.0%	3.9%
瑞士	17.3	18.2	5.6%	2.9%
阿尔及利亚	12.0	16.8	39.7%	2.6%

数据来源：Comtrade，2020 年 3 月

表 1-9　2019 年法国食品行业进口情况

进口来源地	2018 年进口（亿美元）	2019 年进口（亿美元）	同比增长	占总进口份额
全球	533.8	560.7	5.0%	100.0%
西班牙	77.0	81.1	5.4%	14.5%
比利时	62.3	67.9	8.9%	12.1%
德国	54.7	58.1	6.2%	10.4%
荷兰	50.7	53.5	5.6%	9.5%
意大利	44.0	48.4	10.1%	8.6%
英国	27.8	28.5	2.4%	5.1%
瑞士	19.4	20.3	4.6%	3.6%
波兰	13.3	15.6	17.2%	2.8%
摩洛哥	11.7	11.8	1.1%	2.1%
美国	10.0	10.8	8.2%	1.9%

数据来源：Comtrade，2020 年 3 月

进口价格方面，2019 年 1—12 月，饮料行业进口价格均高于整体制

造业水平，如图 1-14 所示，各月指数平均数为 103.8，比整体制造业指数平均数高 1.2。食品行业处于缓慢增长态势。其中 3 月为最低点 100.6，12 月达到峰值 102.4，各月指数平均数为 101.2，比整体制造业指数平均数低 1.4。

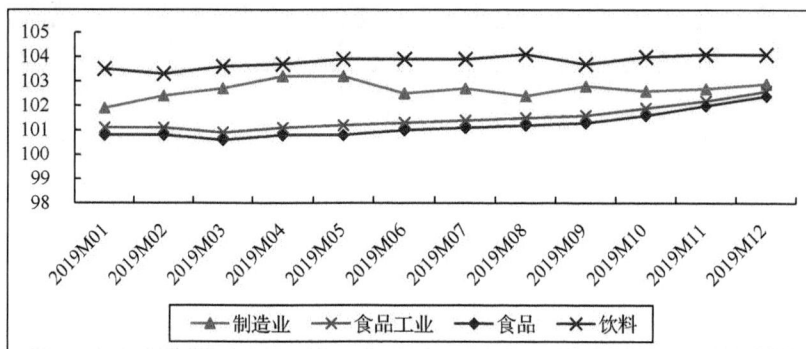

图 1-14　2019 年 1—12 月法国食品工业进口价格指数变化情况

数据来源：Eurostat，2020 年 3 月

企业方面，如图 1-15 所示，2018 年，在 54260 家食品工业企业中，食品企业数量达到 50519 家，占比 93.1%，2016—2018 年，食品企业和食品企业数量均在缓慢减少，其中，2016 年企业总数减少 2.0%，2017 年减少 8.6%，2018 年减少 0.7%。

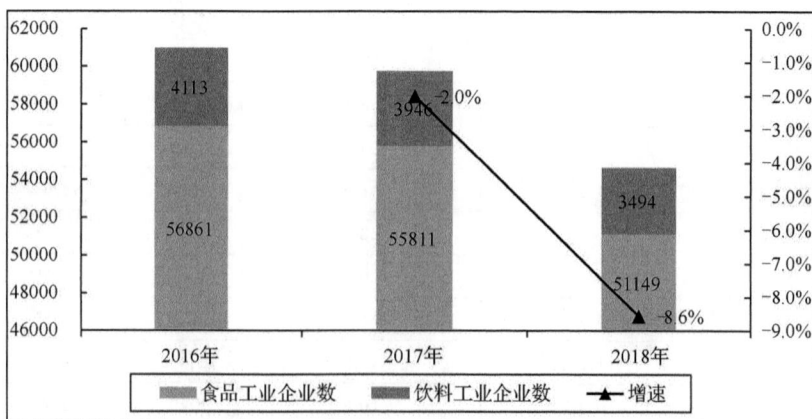

图 1-15　2016—2018 年法国食品工业企业数量情况（单位：个）

数据来源：Eurostat，2020 年 3 月

第五节　纺织服装工业重点国家发展情况（意大利）

意大利的纺织和服装行业在全球市场享有卓越地位，凭借其卓越的设计、精巧的制作和领先的后整理技术，一直是"意大利制造"的典型代表领域之一。意大利纺织服装行业全球领先不仅体现在行业经济数据上，更拥有着众多全球知名品牌。包括杰尼亚（Zegna）、阿玛尼（Armani）、古驰（Gucci）、范思哲（Versace）、普拉达（Prada）、杜嘉班纳（Dolce Gabbanax）、Missoni、Diesel 等。2019 年，意大利纺织服装工业企业数量 42731 家，销售收入 532.4 亿欧元，产值 522.9 亿欧元，就业人数 328365 人，分别占意大利制造业的 10.8%、5.4%、5.4% 和 8.6%，具体见表 1-10。

表 1-10　2019 年意大利纺织与服装行业生产指标

指标	制造业	纺织	服装	纺织服装	占比
企业数量（家）	396422	13866	28865	42731	10.8%
销售收入（亿欧元）	9910.8	212.1	320.3	532.4	5.4%
产值（亿欧元）	9619.35	210.2	312.7	522.9	5.4%
就业人数（人）	3807857	119423	208942	328365	8.6%

数据来源：Eurostat，2020 年 3 月

工业生产方面，2019 年，意大利纺织服装工业生产比上年有一定程度复苏，如图 1-16 所示，产值达到 522.9 亿欧元，产值比上年增加 32.2 亿欧元，增长率为 6.6%。纺织工业和服装工业生产指数与整体制造业相比稍不景气。2019 年 1—12 月，纺织工业和服装工业生产指数波动较大，如图 1-17 所示，整体走势与 2018 年非常相似，其中纺织工业 10 月达到峰值 103.5，8 月达到最低点 32.6，各月指数平均数为 90.1，比整体制造业指数平均数低 15.5，比上年指数平均数低 7.2；服装工业生产指数 1 月达到峰值 111.3，8 月达到最低点 55.7，各月指数平均数为 84.2，比整体制造业指数平均数低 21.5，比上年指数平均数低 9.3。

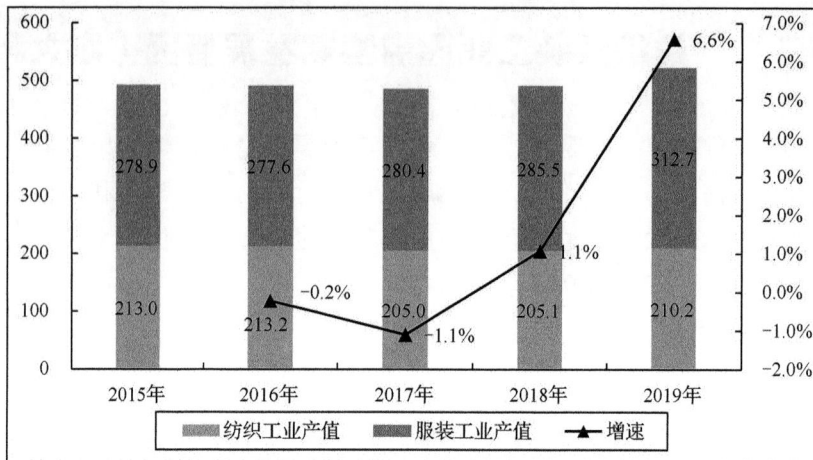

图 1-16　2015—2019 年意大利纺织服装工业产值情况（单位：亿欧元）

数据来源：Eurostat，2020 年 3 月

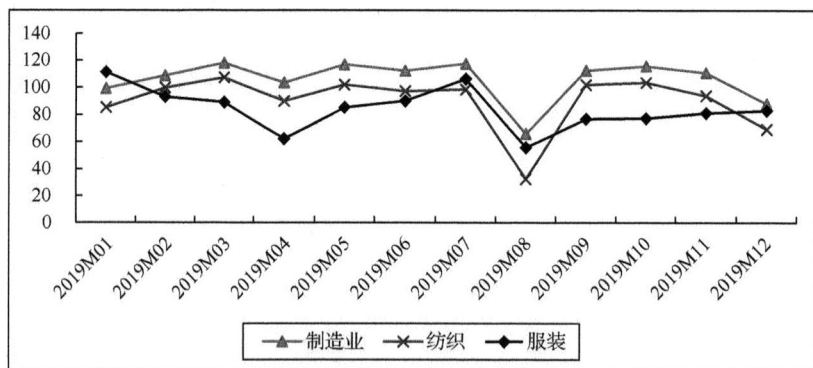

图 1-17　2019 年 1—12 月意大利纺织服装行业生产指数变化情况

数据来源：Eurostat，2020 年 3 月

销售收入方面，如图 1-18 所示，2015—2018 年意大利纺织服装工业整体销售稳定在 490 亿欧元左右，2019 年意大利纺织服装销售收入比上年略有提高，达到 532.4 亿欧元，同比增长 8.1%。从销售收入结构来看，纺织和服装分别占整个产业的 40.0% 和 60.0%。2019 年服装销售额增长 22.1 亿欧元，涨幅达到 11.1%。纺织工业销售额逆转近四年来不断缓慢下降的趋势，增长 7.6 亿欧元。2019 年 1—12 月，如图 1-19 所示，纺织行业各月销售收入指数均接近制造业同期水平，整体呈现波动态势，同步率较高。服装行业销售收入指数与制造业同期指数同步率较

低。其中纺织工业 7 月达到峰值 120.3，8 月达到最低点 45.9，各月指数平均数为 101.6，比整体制造业指数平均数低 6.5，比上年指数平均数低 2.8；服装工业生产指数 7 月达到峰值 145.4，4 月达到最低点 72.6，比整体制造业指数平均数低 3.1，比上年指数平均数高 0.6。

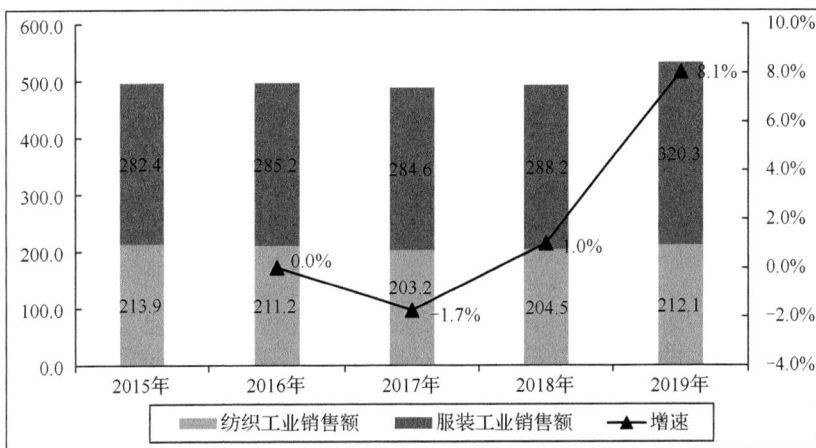

图 1-18　2015—2019 年意大利纺织服装工业销售收入情况（单位：亿欧元）

数据来源：Eurostat，2020 年 3 月

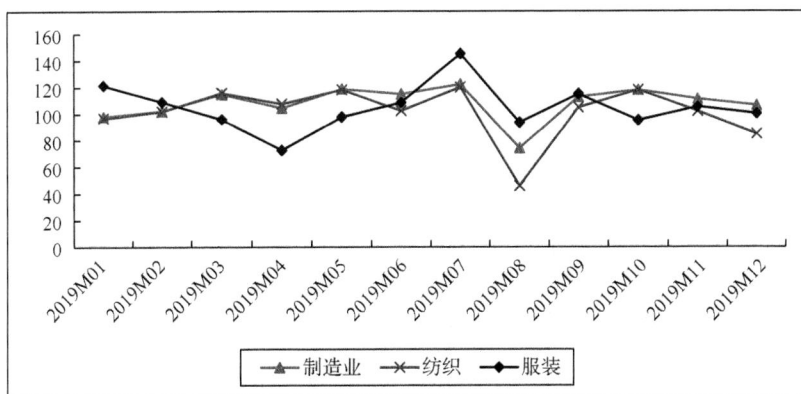

图 1-19　2019 年 1—12 月意大利纺织服装行业销售收入指数变化情况

数据来源：Eurostat，2020 年 3 月

　　产品价格方面，如图 1-20 所示，纺织行业与服装行业全年出厂价格指数与整体制造业相似，处于缓慢上升态势。细分行业方面，2019 年 1—12 月，纺织工业价格指数比上年同期出现小幅度上升，其中 12

月达到峰值 105.0，1 月达到最低点 102.7，各月指数平均数为 104.3，比整体制造业指数平均数高 1.2，比上年指数平均数高 2.2；服装行业价格指数 10—11 月达到峰值 103.7，6 月达到最低点 102.3，各月指数平均数为 102.9，比整体制造业指数平均数低 0.2，比上年指数平均数高 1.0。

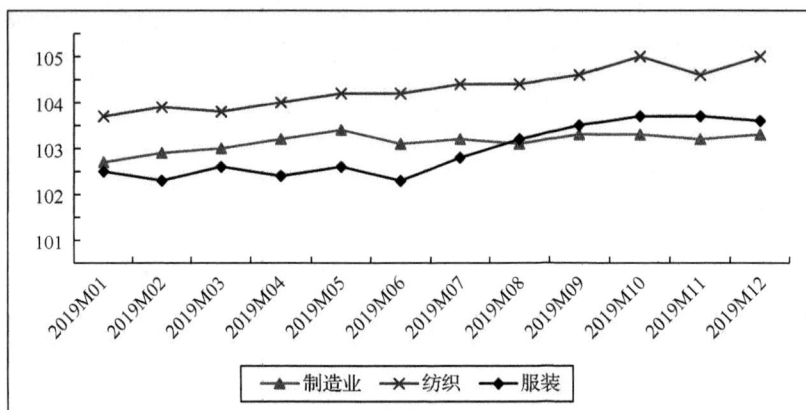

图 1-20 2019 年 1—12 月意大利纺织服装行业出厂价格指数变化情况

数据来源：Eurostat，2020 年 3 月

进出口方面，意大利是全球重要的纺织行业出口大国，2018 年，贸易顺差 24.5 亿美元。2019 年，贸易顺差进一步扩大为 46.7 亿美元。从出口来看，纺织行业 2019 年出口总额达 123.4 亿美元，排名前十的出口国家或地区分别是德国、法国、罗马尼亚、西班牙、中国、美国、英国、土耳其、中国香港和突尼斯，累计份额为 54.8%。其中出口增长最快的出口地国家是法国，增速达到 8.3%，具体见表 1-11。从进口来看，意大利进口面料量小幅上升，纺织行业 2018 年进口总额达 76.1 亿美元，涨幅约为 2.5%。其中，前十大进口来源地分别为中国、土耳其、德国、罗马尼亚、印度、巴基斯坦、捷克、西班牙、法国和荷兰，累计份额为 69.5%，较上年上升了 0.1 个百分点，具体见表 1-12。其中，从中国和土耳其进口的金额占到进口总金额的 31.6%，市场份额分别为 21.6% 和 10.0%，从西班牙、法国、印度和土耳其的进口量有所下降。

表 1-11 2019年意大利纺织行业出口情况

出口目的地	2018年出口（亿美元）	2019年出口（亿美元）	同比增长	占总出口份额
全球	116.5	123.4	5.9%	100.0%
德国	13.0	13.6	4.6%	11.0%
法国	8.9	9.7	8.3%	7.8%
罗马尼亚	8.5	8.8	3.9%	7.1%
西班牙	6.6	7.0	5.6%	5.7%
中国	5.2	5.6	7.7%	4.5%
美国	5.5	5.5	−0.5%	4.5%
英国	4.9	5.1	5.7%	4.2%
土耳其	4.2	4.5	7.1%	3.7%
中国香港	3.7	3.9	3.9%	3.2%
突尼斯	3.6	3.9	7.3%	3.1%

数据来源：Comtrade，2020年3月

表 1-12 2019年意大利纺织行业进口情况

进口地	2018年进口（亿美元）	2019年进口（亿美元）	同比增长	占总进口份额
全球	74.3	76.1	2.5%	100.0%
中国	15.1	16.5	8.7%	21.6%
土耳其	7.7	7.6	−1.4%	10.0%
德国	7.3	7.6	4.8%	10.0%
罗马尼亚	3.1	3.7	20.0%	4.9%
印度	3.1	3.0	−2.6%	4.0%
巴基斯坦	3.0	3.0	3.1%	4.0%
捷克	2.9	3.0	4.5%	3.9%
西班牙	3.6	3.0	−18.3%	3.9%
法国	3.2	2.9	−9.7%	3.8%
荷兰	2.5	2.5	0.7%	3.3%

数据来源：Comtrade，2020年3月

进口价格方面，如图 1-21 所示，2019 年 1—12 月，纺织行业各月进口价格指数与整个制造业同步率高，均处于增长态势。其中 1 月为最

低点 100.0，12 月达到峰值 101.3，各月指数平均数为 100.8，与整体制造业指数平均数 100.9 接近。与之相反，服装行业进口价格指数波动下降，1 月峰值为 100.3，7 月为最低值 98.9，各月指数平均数为 99.5，比整体制造业指数平均数低 1.5。

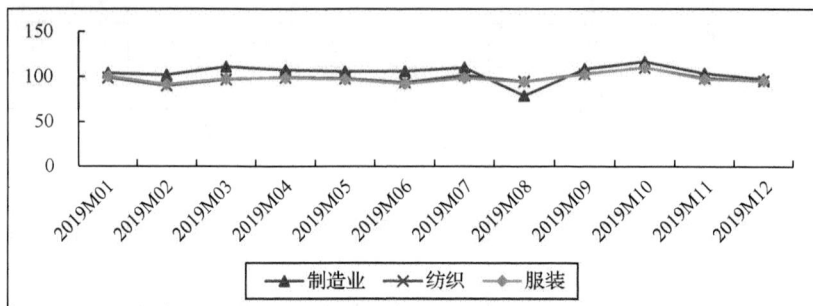

图 1-21 2019 年 1—12 月意大利纺织服装行业进口价格指数变化情况

数据来源：Eurostat，2020 年 3 月

第二章

2019 年中国消费品工业发展状况

第一节　发展现状

一、经济下行压力加大，结构调整阵痛延续

2019 年 1—12 月，与上年同期相比，消费品工业生产增速整体呈放缓态势，轻工业、纺织工业、医药工业增加值同比增长 4.5%、2.4%、7.6%，分别回落 1.2、0.5、2.5 个百分点。与工业平均水平相比，除了医药工业略高，轻工业和纺织工业增加值增速低出 1.2 和 3.3 个百分点。细分行业来看，受内外需疲软、贸易摩擦等因素影响，农副食品加工业、皮革毛皮羽毛及其制品和制鞋业、家具制造业及纺织服装服饰业生产增速由上年同期的 5.9%、4.7%、5.6% 和 4.4% 分别大幅下滑至 1.9%、2.1%、2.5% 和 0.9%；受环保政策影响较大的造纸及纸制品业、橡胶和塑料制品业、化学纤维制造业经过产能结构调整，生产规模有所恢复，增速分别由上年同期的 1.0%、3.2% 和 7.6% 提升至 4.2%、4.8% 和 11.9%；受内外需不振、电子媒介冲击等因素影响，印刷和记录媒介复制业、文教工美体育和娱乐用品制造业生产增速明显；医药行业在连续维持 10% 以上增速后，增速下滑至 7.6%，但仍高出工业平均水平 1.9 个百分点，见表 2-1。

表 2-1　2018—2019 年 1—12 月主要消费品行业工业增加值增速及比较（%）

行　业	2019 年 1—12 月	2018 年 1—12 月
工业	5.7	6.2
轻工	4.5	5.7
农副食品加工业	1.9	5.9
食品制造业	5.3	6.7
酒、饮料和精制茶制造业	6.2	7.3
皮革、毛皮、羽毛及其制品和制鞋业	2.1	4.7
家具制造业	2.5	5.6
造纸及纸制品业	4.2	1.0
印刷和记录媒介复制业	2.5	6.6
文教、工美、体育和娱乐用品制造业	1.1	7.8
橡胶和塑料制品业	4.8	3.2
纺织	2.4	2.9
纺织业	1.3	1.0
纺织服装服饰业	0.9	4.4
化学纤维制造业	11.9	7.6
医药	7.6	10.1
医药制造业	6.6	9.7

数据来源：国家统计局，2019 年 12 月

二、外贸形势复杂严峻，出口增速大幅下滑

2019 年 1—12 月，消费品工业共实现出口交货值 35050.2 亿元，同比增长 1.2%，增幅低于工业平均水平 0.1 个百分点，其中，家具、玩具、皮革制品、纺织、部分农副食品等轻工产品受贸易问题影响突出。酒饮料和精制茶制造、皮革毛皮羽毛及其制品和制鞋业、家具制造、纺织业、化学纤维制造等行业出口增速明显下滑，出现负增长，分别由上年同期的 10.4%、2.7%、2.4%、3.3%、8.1%下滑至-1.0%、-1.7%、-2.4%、-2.4%、-5.3%。医药工业产品出口交货值增速有所回落，但整体仍呈良好的增长态势，维持在 7.0%以上水平，见表 2-2。

表 2-2　2018—2019 年 1—12 月主要消费品行业出口交货值增速及比较（%）

行　　业	2019 年 1—12 月	2018 年 1—12 月
工业	1.3	8.5
轻工	2.3	5.5
农副食品加工业	2.4	3.6
食品制造业	6.1	8.0
酒、饮料和精制茶制造业	−1.0	10.4
皮革、毛皮、羽毛及其制品和制鞋业	−1.7	2.7
家具制造业	−2.4	2.4
造纸及纸制品业	3.4	2.5
印刷和记录媒介复制业	3.1	6.1
文教、工美、体育和娱乐用品制造业	3.5	2.5
橡胶和塑料制品业	0.2	6.6
纺织	−2.5	1.5
纺织业	−2.4	3.3
纺织服装服饰业	−2.1	−0.9
化学纤维制造业	−5.3	8.1
医药	7.1	11.3
医药制造业	5.3	11.4

数据来源：国家统计局，2019 年 12 月

三、投资增速降低迅猛，消费需求释放放缓

2019 年，投资方面，除酒饮料和精制茶制造业、印刷和记录媒介复制业和医药制造业外，其他 10 大类消费品子行业固定资产投资增速均低于制造业平均水平，且大部分细分行业出现负增长，其中农副食品加工业、造纸及纸制品业、纺织业、化学纤维制造业更是呈现较大幅度的负增长（见表 2-3），一方面体现出国家供给侧结构性改革的政策导向，另一方面反映了民间资本和企业方对消费品工业投资的信心不足。消费方面，12 月消费者信心指数 126.6，同比、环比分别增长 2.9% 和 1.6%。1—12 月，社会消费品零售总额累计达到 411649.0 亿元，同比增长 8.0%，较上年同期下降 1.0 个百分点，国内消费需求呈疲软态势，如图 2-1 所示。其中，烟酒类、服装鞋帽针纺织品类、金银珠宝类、家用电器和音

像器材类、文化办公用品类、家具类等主要品类的商品消费需求增长速度低于平均水平。

表 2-3　2018—2019 年 1—12 月主要消费品行业固定资产投资增速及比较（%）

行　业	2019 年 1—12 月	2018 年 1—12 月
制造业	3.1	9.5
农副食品加工业	-8.7	0.0
食品制造业	-3.7	3.8
酒、饮料和精制茶制造业	6.3	-6.8
皮革、毛皮、羽毛及其制品和制鞋业	-2.6	3.1
家具制造业	-0.7	23.2
造纸及纸制品业	-11.4	5.1
印刷和记录媒介复制业	4.6	7.2
文教、工美、体育和娱乐用品制造业	-2.4	8.1
橡胶和塑料制品业	1.0	5.4
纺织业	-8.9	5.1
纺织服装服饰业	1.8	-1.5
化学纤维制造业	-14.1	29.0
医药制造业	8.4	4.0

数据来源：国家统计局，2019 年 12 月

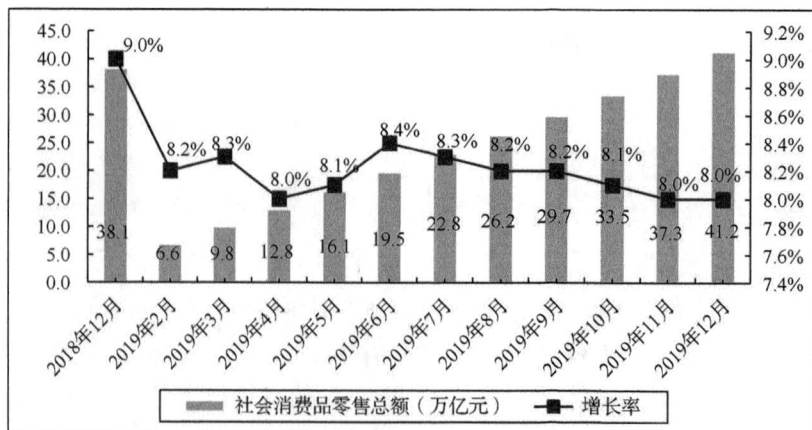

图 2-1　2018 年 12 月—2019 年 12 月全社会消费品零售总额及增速

数据来源：国家统计局，2019 年 12 月

第二节　存在问题

一、"新常态"下转型阵痛延续，部分行业亏损较为严重

2020 年，以供给侧结构性改革为核心的结构调整和产业转型将持续深化，对行业发展提出更多挑战。一是消费品工业中小企业占比较高，这些企业产品和服务市场竞争力不强，资金短缺、融资难、贷款难等问题仍较为突出，抗风险能力较弱，生产经营压力大。二是消费品工业企业普遍面临环境保护和节能减排问题，国家关于淘汰落后产能、分类化解过剩产能的力度持续加大，部分传统产能面临萎缩；新增产能受到生产要素成本上涨、营商环境等因素影响，产业规模扩张受到制约；此外，部分新发生地理性转移的行业企业效益尚未完全恢复。三是行业亏损加深。2019 年，消费品工业整体和大部分细分行业的亏损面和亏损深度与上年同期相比有所提升，其中，受贸易摩擦、综合生产成本上涨、环保压力、技改投入、融资成本提高等因素影响，农副食品加工、食品制造业、家具制造业、造纸及纸制品业、塑料制品业、纺织服装服饰业、医药制造业亏损面高于工业平均水平，增幅在 1.1%～7.7% 之间；造纸及纸制品业、纺织服装服饰业、化学纤维制造业、医药制造业亏损深度较为突出，在 4.9%～15.7% 之间，见表 2-4。2020 年受新型冠状病毒肺炎疫情影响，行业整体亏损面或将进一步扩大。

表 2-4　2018－2019 年 1－12 月主要消费品行业亏损情况及比较

行 业 名 称	亏 损 面			亏 损 深 度		
	2019 年	2018 年	变化	2019 年	2018 年	变化
工业	15.9%	15.1%	0.8%	15.2%	12.0%	3.2%
轻工	14.2%	13.8%	0.4%	8.6%	8.5%	0.1%
农副食品加工业	15.2%	13.7%	1.5%	13.2%	11.5%	1.7%
食品制造业	15.0%	13.7%	1.3%	6.7%	9.4%	-2.7%
酒、饮料和精制茶制造业	11.9%	13.0%	-1.1%	4.6%	4.0%	0.6%
皮革、毛皮、羽毛及其制品和制鞋业	12.2%	11.6%	0.6%	6.2%	5.6%	0.6%
家具制造业	14.1%	12.5%	1.6%	7.2%	7.7%	-0.5%

续表

行 业 名 称	亏 损 面			亏 损 深 度		
	2019 年	2018 年	变化	2019 年	2018 年	变化
造纸及纸制品业	17.2%	15.6%	1.6%	15.4%	10.5%	4.9%
印刷业和记录媒介的复制	13.4%	13.6%	-0.2%	6.9%	7.8%	-0.9%
文教、工美、体育和娱乐用品制造业	12.2%	12.5%	-0.3%	8.4%	7.2%	1.2%
塑料制品业	15.5%	14.4%	1.1%	9.7%	11.3%	-1.6%
家用电力器具制造	13.7%	16.0%	-2.3%	2.0%	2.6%	-0.6%
纺织	15.3%	14.8%	0.5%	5.3%	7.9%	-2.6%
纺织业	15.6%	14.9%	0.7%	5.2%	8.7%	-3.5%
纺织服装服饰业	16.9%	14.2%	2.7%	13.5%	6.1%	7.4%
化学纤维制造业	17.1%	18.2%	-1.1%	15.1%	9.9%	5.2%
医药	16.0%	14.2%	1.8%	9.1%	4.8%	4.3%
医药制造业	22.1%	14.4%	7.7%	20.5%	4.8%	15.7%

数据来源：国家统计局，2019 年 12 月

二、增品种提品质需求旺盛，消费外流规模日益增长

一是优质产品供给不足，特别是"名、精、特、新"类商品，近年来，越来越多的消费者热衷海外"扫货"，不仅限于早年国人热衷的箱包、珠宝、服装等奢侈品，更体现在电饭煲、乳粉、保健食品、丝袜、马桶盖等国内市场并不缺少的日常消费品，导致大量购买力持续外流，规模日益增长。另一方面，我国跨境电商交易规模屡创新高， 2019 年中国跨境电商交易规模预计将突破 10 万亿元。

二是与地产市场呈现强相关性的家电行业，由于房地产市场管控加强，适婚人群晚婚率提高，各省市前期"家电下乡""以旧换新""节能惠民"政策普遍已进行 8-10 年等因素，整体进入存量升级换代而不是增量为主的新时期，消费者对高质量、多品类、个性化的新产品需求旺盛，对企业"增品种""提品质"提出更高要求。

三是部分消费品行业部分技术与装备长期依赖进口，急需突破。如食品行业，高端婴配乳粉生产所需的乳铁蛋白、OPO 结构脂、羊乳清粉，益生菌食品生产所需菌株，轻工行业中制笔所需的笔球珠等，受国

际市场价格波动影响较大，且高端原材料易出现"断粮"，从成本和产能角度严重限制了国内企业在生产这些较高附加值产品时与国外品牌的竞争能力。

三、市场和消费环境亟待优化，品牌议价能力有待提升

一是部分重点行业市场环境亟待治理，如部分不法商家假借普通食品或一般保健食品等，进行虚假声称、夸大宣传或利用恶意引导、传销等办法，促使老年人等弱势群体购买相关产品，相关案例被频频曝光后，极大地损害了相关行业利益。

二是质量安全属性有待提高，根据《市场监管总局关于 2018 年产品质量 国家监督抽查情况的公告》，2018 年，我国日用及纺织品、轻工产品、食品相关产品不合格率分别为 16.6%、11.9%、4.4%，同比分别增长 2.2%、3.7%、1.0%，其中，以轻工产品为例，共有自行车、纸巾纸、眼镜等 11 类产品抽查不合格率在 10%～20%之间，儿童家具、家用燃气灶等 4 类产品抽查不合格率超过了 20%。

三是我国部分消费品工业企业技术水平相对落后，对新技术、新工艺、新装备开发的投入、产出、应用能力差，导致产品同质化严重，另一方面，对知识产权的保护力度仍旧不足，产品假冒伪劣泛滥现象依旧严重，这些因素影响了品牌产品的议价能力。

四是消费品工业行业属于充分竞争行业，在线上线下品牌日趋分化的情况下，优势品牌的渠道建设和消费培育有待深入推进，品牌集中度有待提高，优质优价的市场消费格局尚未完全显现。

第三节　对策建议

一、践行"三品"战略，撬动新的消费增长点

一是针对不同消费群体和消费场景，进一步做好市场细分，提高创意设计水平，增加产品个性化、时尚化、功能化、智能化特征，满足不断升级的消费需求。

二是结合我国老龄化发展趋势，打造高质量的为老服务和产品供给

体系，积极发展老年食品、老年服装服饰、生活辅助用品、健康促进和辅助器具等老年用品，推广和示范适老化产品改造，挖掘"银发经济"下的消费潜能。

三是进一步完善质量安全追溯体系，利用物联网、区块链等技术建立更加高效的追溯系统，增强品牌和消费者之间的信任度，解决供应和需求错配的问题。

四是加快消费品相关领域标准体系建设，包括食品安全标准、中药饮片标准、智能家居产品标准、适老化产品标准等，提升产品质量，改善市场竞争环境。

二、加快绿色转型，增强产业内生发展力

一是积极推行循环经济发展方式，加强废水循环利用和废气余热、余压回收利用，推动废旧产品分类与安全环保加工处理，建立从原料生产到终端消费全产业链有效衔接的绿色生产模式，实现消费品工业绿色可持续发展。

二是持续深入推进造纸、制革、印染、化纤、铅蓄电池等环境敏感型企业节能减排改造和淘汰落后产能工作，支持和引导节能减排和清洁生产，推动产业转型升级和结构调整。

三是鼓励大型消费品工业企业按照产品全生命周期理念开展绿色供应链管理，优先选择绿色工厂为合格供应商，强化绿色生产，建设绿色回收体系，搭建供应链绿色信息管理平台，带动上下游企业实现绿色发展。

三、实施创新驱动，提升产业综合竞争力

一是围绕国家战略需求，在健康食品、药品和医疗器械、功能性纺织材料、智能家电等领域，建立多学科融合的科研平台，支持企业、科研机构、高等院校等协同创新，突破核心关键技术瓶颈，打造自主知识产权。

二是鼓励消费品企业运用移动互联网、物联网、大数据，VR、AR，生物、新材料等新技术，加强产品创新和商业模式创新，提高产品科技

含量，提升产业市场竞争力。

三是加强知识产权保护和运用，引导企业贯彻知识产权管理规范、体系，推进消费品工业知识产权保护中心建设，加快建立多部门社会信用信息共享平台，联合惩戒严重失信行为，大幅提高侵权违法成本。聚焦"走出去"和国际产能合作，构建海外知识产权维权援助体系，积极规避知识产权风险。

行　业　篇

第三章

纺织工业

第一节 发展情况

一、运行情况

（一）生产总体平稳增长

2019 年，纺织工业增加值同比增长 2.4%，低于工业平均水平 3.3 个百分点，低于上年同期水平 0.5 个百分点。但行业生产情况正常，纺织业和化纤业产能利用率分别为 78.4%和 83.2%，均高于工业平均水平的 76.6%。纺织工业全年各季度生产指数分别为 55.5、59.6、58.0 和 62.1，均保持在 50 荣枯线之上，行业总体处于增长周期。分行业来看，化学纤维制造业和纺织业生产情况好于上年同期，见表 3-1。特别是化学纤维制造业，增加值增速达到 10%以上，远高于其他纺织行业和工业平均水平。

表 3-1 2019 年纺织工业增加值增速与上年之比

行　　业	1—3 月	1—6 月	1—9 月	1—12 月
工业	95.6%	89.6%	87.5%	91.9%
纺织工业	150.0%	128.6%	96.6%	82.8%
其中：纺织业	176.2%	172.7%	166.7%	130.0%
纺织服装服饰业	80.0%	66.7%	34.8%	20.5%
化学纤维制造业	493.3%	197.0%	150.0%	156.6%

注：2018 年、2019 年均为正增长。

数据来源：国家统计局，2020 年 2 月

（二）出口压力明显加大

受国际贸易环境影响，纺织工业出口压力明显增加，但产品结构调整加快。2019 年，纺织品服装出口 2715.7 亿美元，同比下滑 1.9%，增速较之上年同期下跌 5.6 个百分点。其中，纺织品出口 1202.0 亿美元，服装出口 1513.7 亿美元，同比分别增长 0.9% 和 -4.0%，如图 3-1 所示。从产品结构看，纺织品出口占全行业出口额的比重达到 44.3%，较之上年同期增加 1.3 个百分点。从出口市场结构看，对东盟、墨西哥、非洲等新兴市场出口形势好于美国、欧盟、日本等传统市场。

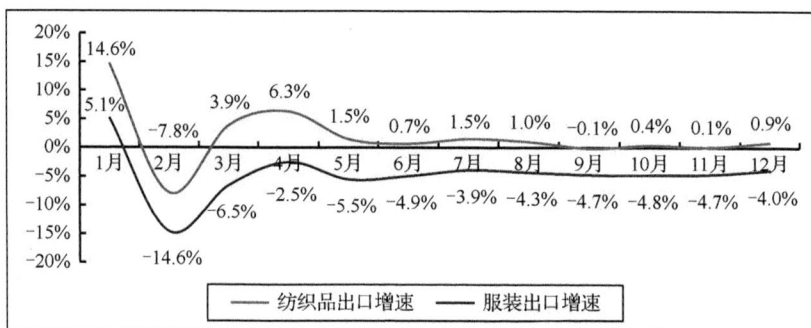

图 3-1　2019 年纺织工业出口增速变化趋势
数据来源：海关总署，2020 年 2 月

（三）投资规模小幅下降

2019 年，纺织工业固定资产投资低于工业平均水平，企业投资信心明显不足。分行业看，纺织业固定资产投资同比放缓 8.9%，增速较之上年同期下滑 14 个百分点；纺织服装服饰业固定资产投资同比增长 1.8%，增速较之上年同期逆势上扬 3.3 个百分点；化学纤维制造业固定资产投资同比下跌 14.1%，增速较之上年同期大幅下滑 43.1 个百分点，如图 3-2 所示。分区域看，纺织工业投资逐渐向安徽、河南、湖北、湖南、江西等地转移，形成新的纺织工业集群。

（四）消费需求稳中趋缓

2019 年，我国纺织产品消费需求保持增长态势，但增速显著趋缓。全年全国限额以上服装鞋帽、针、纺织品类商品实现零售额 13516.6 亿元，同比增长 2.9%，较之上年同期放缓 5.1 个百分点，如图 3-3 所示。其中，服装类商品零售额 9778.1 亿元，同比增长 2.6%，较之上年同期放缓 5.9 个百分点。同期，网上零售增势也有所下滑，全年穿类实物商品网上零售额累计增长 15.4%，较之上年同期放缓 6.6 个百分点。

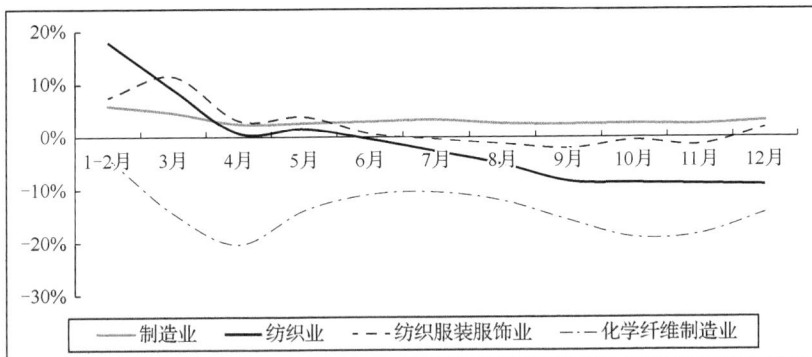

图 3-2　2019 年纺织工业固定资产投资额累计增长率
数据来源：国家统计局，2020 年 2 月

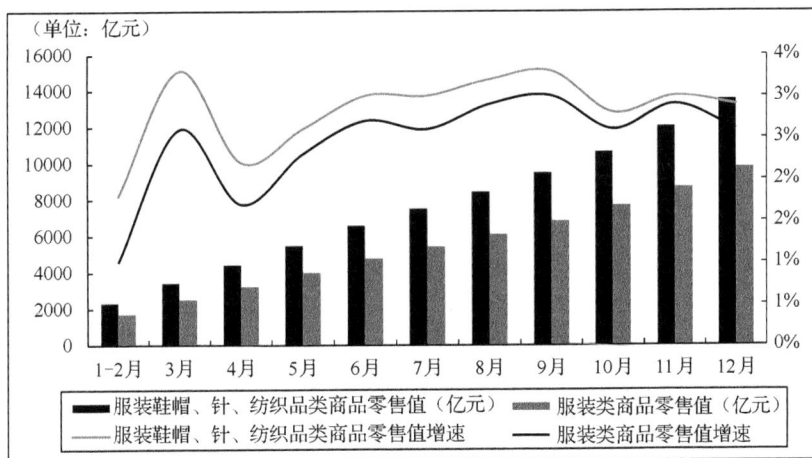

图 3-3　2019 年限额以上服装鞋帽、针、纺织品类商品零售额及增速
数据来源：国家统计局，2020 年 2 月

二、效益情况

（一）盈利能力有所下降

2019 年，纺织工业国内外市场承压，运行质效低于工业平均水平。

全年纺织工业（含纺织专用设备制造）实现营业收入 49439.1 亿元，同比下降 1.5%；利润总额 2251.5 亿元，同比下降 11.6%，增速较之上年同期分别下滑 4.6 和 19.6 个百分点，销售利润率也由上年同期的 5.0% 下滑至 4.6%，见表 3-2。分行业看，化学纤维制造业盈利水平下滑最为明显，收入增速较之上年同期下降 8.7 个百分点，利润增速下降 30.1 个百分点，销售利润率下降 1.1 个百分点，产业结构亟待进一步调整。

表 3-2　2019 年纺织工业效益指标与上年比较

行　　业	营业收入增速		利润总额增速		销售利润率	
	2018 年	2019 年	2018 年	2019 年	2018 年	2019 年
工　　业	8.6%	3.8%	10.3%	−3.3%	6.3%	5.9%
纺织工业	3.1%	−1.5%	8.0%	−11.6%	5.0%	4.6%
其中：纺织业	−0.2%	−1.8%	5.3%	−10.9%	4.5%	4.2%
纺织服装服饰业	4.2%	−3.4%	10.8%	−9.8%	5.8%	5.5%
化学纤维制造业	12.7%	4.0%	10.3%	−19.8%	4.7%	3.6%
纺织专用设备制造	8.8%	−7.0%	5.1%	−3.6%	7.3%	7.2%

数据来源：国家统计局，2020 年 2 月

（二）亏损情况持续恶化

2019 年，由于盈利能力下降，纺织工业亏损面和亏损深度进一步扩大。全年 34736 家规上纺织企业共有 5864 家出现亏损，亏损额达到 2251.5 亿元。与工业平均水平相比，纺织工业亏损面更大，但亏损深度低出 1.7 个百分点。分行业看，化学纤维制造业亏损情况尤为严重，亏损面和亏损深度分别为 22.1% 和 20.5%，较之上年同期分别增加 3.9 和 10.6 个百分点，见表 3-3。纺织专用设备制造和纺织服装服饰业亏损深度低于 10%，盈利能力优于其他细分行业。

表 3-3　2019 年纺织工业亏损情况与上年比较

行　　业	亏　损　面		亏　损　深　度	
	2018 年	2019 年	2018 年	2019 年
工　　业	15.1%	15.9%	12%	15.2%
纺织工业	14.7%	16.9%	7.8%	13.5%

续表

行 业	亏 损 面		亏 损 深 度	
	2018 年	2019 年	2018 年	2019 年
其中：纺织业	14.9%	17.1%	8.7%	15.1%
纺织服装服饰业	14.2%	16.0%	6.1%	9.1%
化学纤维制造业	18.2%	22.1%	9.9%	20.5%
纺织专用设备制造	13.4%	15.0%	5.0%	6.5%

数据来源：国家统计局，2020 年 2 月

三、重点领域情况

（一）服装行业

生产方面，2019 年服装行业规模以上企业完成产量 244.7 亿件，同比下降 3.3%，降幅较之上年同期减少 0.1 个百分点。服装行业增加值同比增长 0.9%，仅为上年同期的 20.5%，为纺织工业各细分行业中增速最低。从中国常熟男装生产景气指数看，全年景气度始终在荣枯线以下徘徊，且与上年同期相比更为萧条，如图 3-4 所示。

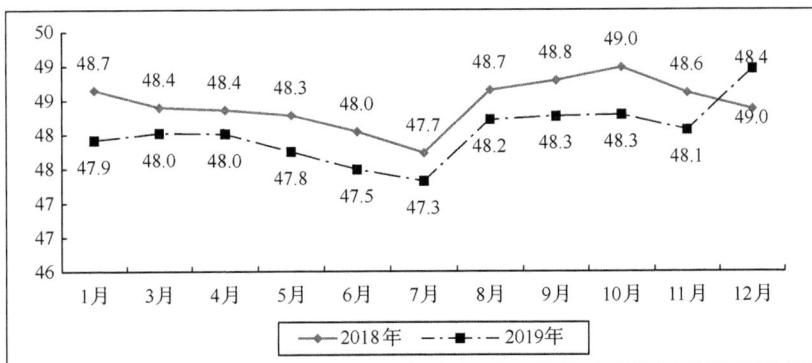

图 3-4 2018 年与 2019 年中国常熟男装生产景气指数比较
数据来源：Wind 数据库，2020 年 2 月

出口方面，2019 年 1—12 月我国出口服装及衣着附件 1513.7 亿美元，同比下降 4.0%，见表 3-4。其中，织物制服装出口金额同比下降 5.0%、占总出口额的比例下降 0.9 个百分点。裘皮服装持续保持较高的出口增速。

表 3-4　2019 年服装及衣着附件出口情况

商 品 名 称	单 位	1—12 月累计		同比增速	
		数量	金额	数量	金额
服装及衣着附件	亿美元	—	1513.7	—	-4%
其中：织物制服装	亿美元	—	1206.9	—	-5%
其中：非针织钩编织物服装	亿美元	—	601.7	—	-6.7%
针织或钩编的服装	亿美元	—	605.2	—	-3.3%
皮革服装	万件/亿美元	455	1.4	-17.6%	-30.8%
裘皮服装	万件/亿美元	655	41.1	11.4%	16.3%

数据来源：海关总署，2020 年 2 月

投资方面，2019 年全国服装行业固定资产投资额同比增长 1.8%，较之上年同期提升 3.3 个百分点，投资形势有所好转。

质效方面，2019 年全部 13876 家规上企业完成营业收入 16010.3 亿元，利润总额 872.8 亿元，同比分别下降 3.4% 和 9.8%；实现销售利润率 5.5%，较之 2018 年下滑 0.4 个百分点。亏损情况看，全行业亏损面和亏损深度均有所扩大，其中服饰制造行业亏损深度达到 21.3%，远高于上年同期水平和其他子行业，见表 3-5。

表 3-5　2019 年纺织服装服饰业亏损情况

行 业	亏 损 面		亏 损 深 度	
	2018 年	2019 年	2018 年	2019 年
纺织服装服饰业	14.2%	16.0%	6.1%	9.1%
其中：机织服装制造	14.3%	15.6%	5.4%	7.8%
针织或钩针编织服装制造	15.1%	17.3%	5.9%	9.3%
服饰制造	11.9%	15.4%	10.2%	21.3%

数据来源：国家统计局，2020 年 2 月

（二）产业用纺织品行业

生产方面，全年规上企业工业增加值增速为 6.9%，高于制造业平均水平，在纺织细分行业中处于领先水平。其中，由于全球市场需求的

持续增长，全年规上企业非织造布产量同比增长 9.9%，达到 503 万吨。但受汽车市场低迷的不利影响，帘子布产量同比下降 7.4%，仅为 62.3 万吨。

出口方面，全年产业用纺织品出口额达到 273.4 亿美元，同比增长 2.1%。产品结构看，出口排名前三的产业用涂层织物、非织造布和毡布/帐篷出口额同比分别增长 0.4%、5.4%和 2.7%，出口量同比增长-3.2%、9.1%和-1.2%。与此同时，一次性卫生用品出口活跃度持续增加，出口额和出口量分别同比大幅增长 16%和 18.8%。市场结构看，美国仍是我国产业用纺织品出口第一大市场，越南、日本次之。而对"一带一路"沿线国家的出口正成为行业出口增长的重要动力，全年产业用纺织品对其出口额达到 108.5 亿美元，同比增长 7.1%，其中非织造布对其出口额和出口量的增幅分别达到 16.7%和 18.9%。

质效方面，2019 年我国产业用纺织品行业规上企业实现营业收入 2359.3 亿元，利润总额 118.8 亿元，同比分别增长 1.2%和-4.3%；实现销售利润率 5.0%，较之上年同期下降 0.3 个百分点。企业间分化继续加大，亏损面和亏损深度较之上年同期均有所扩大，见表3-6。其中，受汽车市场低迷影响，纺织带和帘子布制造亏损较其他细分行业更为严重。

表 3-6　2019 年产业用纺织品行业亏损情况

行　　业	亏　损　面		亏　损　深　度	
	2018 年	2019 年	2018 年	2019 年
产业用纺织品	11.8%	12.0%	5.6%	7.6%
其中：非织造布制造	11.2%	10.9%	6.1%	6.9%
绳、索、缆制造	10.4%	14.0%	4.9%	6.0%
纺织带和帘子布制造	13.0%	12.1%	10.1%	12.7%
篷、帆布制造	15.3%	13.9%	5.7%	13.9%
其他产业用纺织制成品制造	11.4%	12.3%	3.1%	4.7%

数据来源：国家统计局，2020 年 2 月

第二节　存在问题

一、贸易摩擦不断升级

中美贸易摩擦进展曲折，短期内难以彻底解决，对我国纺织品服装出口带来诸多不确定性影响，长此以往可能会对我国纺织行业的国际地位、投资布局等产生不利影响。此外，中俄经贸领域由于贸易操作不规范、政策差异、贸易结构不对称、"灰色清关"等导致的摩擦也频繁发生。贸易摩擦的持续性和不确定性严重挫伤了市场信心，企业对于外贸订单，尤其是去往美国的订单普遍存在不敢接单的现象。

二、市场信心严重不足

一方面，由于 PTA、乙二醇等原料价格暴涨暴跌，织造企业在高价原料和低价产品之间亏损严重，生产积极性受挫。加之下游产品市场需求疲软，导致上游产品库存高企、价格下滑，产业链各环节均显现颓势。另一方面，新冠疫情在全球不断发酵，若得不到基本控制，纺织产品的市场需求将受到严重抑制。以绍兴柯桥为例，2020 年开市之初 78.4%的纺织企业订单减少，64.8%的企业已有订单被取消。其中，取消订单占比最大的是外贸订单。

三、环保压力持续加大

2019 年 1 月 1 日，我国首部土壤污染防治法《中华人民共和国土壤污染防治法》正式实施，在加速市场净化的同时也对纺织行业提出更高要求，印染、涂层等行业产能受到较大限制。随着产能的缩减，企业可能出现无法接单或是已有订单延期交付的问题，对企业的经营利润以及市场地位等都带来一定挑战。未来，环保常态化将成必然，纺织企业的环保改造压力将在一段时间内长期存在。

第四章

生物医药及高性能医疗器械行业

第一节 发展情况

一、生产情况

（一）工业增加值增速回落，工业贡献率进一步提高

2019 年，医药行业增加值增速回落，降至个位数。1—12 月，全工业工业增加值增速在 5.3%～6.8%区间浮动，相比 2018 年增速出现小幅度回落。如表 4-1 所示，2019 年 1—12 月，医药行业工业增加值增速在 5.9%～7.2%浮动，全年累计增速为 7.6%，相比 2018 年下降 2.5 个百分点。2019 年 1—12 月，全国规模以上工业增加值同比增长 5.7%，增速同比下降 0.5 个百分点，经济增速减缓。2019 年 1—12 月，医药工业增加值比全工业增速平均水平高 1.9 个百分点，行业发展势头良好。如图 4-1 所示，2011—2019 年，医药行业工业增加值占全工业比重由 2.3%上升到 3.5%，增加 1.2 个百分点，反映出医药工业对工业经济增长的贡献进一步扩大。

表 4-1　2018—2019 年 1—12 月工业和医药行业增加值增速比较

时　　间	工　　业		医 药 行 业	
	2018 年	2019 年	2018 年	2019 年
1—12 月	6.2%	5.7%	10.1%	7.6%

数据来源：国家统计局，2020 年 4 月

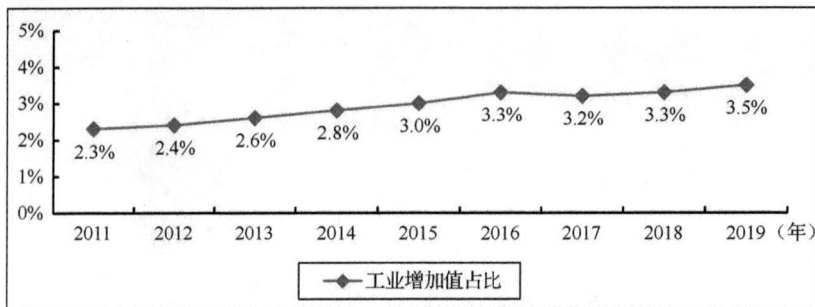

图 4-1   2011—2019 年医药行业工业增加值占全工业比重

数据来源：国家统计局，2020 年 4 月

（二）产能利用率与全工业平均水平持平，指标向合理空间迈进

2019 年 1—12 月，医药行业产能利用率与全工业平均水平持平，但仍未达到合理空间。如图 4-2 所示，2016—2019 年，全工业产能利用率在 75.0%左右徘徊，产能过剩现象依旧未改观，医药行业产能利用率逐步向合理空间挺进①。2017 年，医药行业产能利用率达到了 79.1%，说明医药行业迈入供需基本平衡阶段。2019 年，医药行业产能利用率为76.6%，相比 2017 年和 2018 年出现小幅回落，未达到产能利用率合理空间范围，淘汰落后产能任务仍严峻。

（三）出口交货值增速回落，出口结构明显改善

2019 年 1—12 月，医药工业规模以上企业实现出口交货值 2321.6亿元，同比增长 7.1%，相比 2017 年的增速下降 4.2 个百分点。我国医药产业出口结构优化，化学制剂、生物药和医疗器械产品出口增速增长较快。从出口交货值来看，医疗仪器设备及器械制造、化学药原料药制造和生物药品制造三大子行业出口交货值遥遥领先，对医药行业出口贡献最大，尤其值得注意的是生物药品制造细分行业表现突出，取代化学药品制剂制造成为出口交货值最多的细分行业之一。从增速来看，生物

---

① 按国际通行标准，产能利用率超过 90%为产能不足，79%～90%为正常水平，低于 79%为产能过剩。

药品制造和医疗器械两大子行业出口交货值增速最快，如表 4-2 所示，分别为 11.1% 和 10.0%，化学原料药出口增长仅为 4.5%，这说明我国医药企业自身实力不断提高，逐渐从仿创向创仿和自主创新过渡，产品出口结构不断优化。

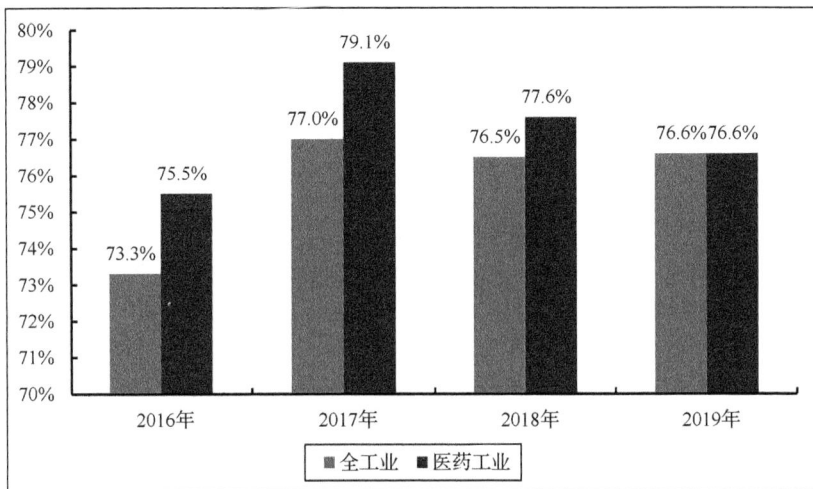

图 4-2　2016—2019 年全工业及医药工业产能利用率

数据来源：国家统计局，2020 年 4 月

表 4-2　2019 年 1—12 月医药行业及主要子行业出口交货值情况

行 业 名 称	出口交货值（亿元）	比上年同期增长
医药行业	2321.6	7.1%
化学药品原料药制造	717.7	4.5%
化学药品制剂制造	201.5	4.6%
中药饮片加工	27.9	−6.9%
中成药生产	44.7	7.0%
生物药品制造	205.6	11.1%
卫生材料及医药用品制造	155.6	0.2%
药用辅料及包装材料	22.9	9.2%
医疗仪器设备及器械制造	905.1	10.0%

数据来源：国家统计局，2020 年 4 月

二、效益情况

（一）主营业务收入增速回落，利润总额增速低于主营业务收入增速

2019 年 1—12 月，医药工业规模以上企业实现主营业务收入 26723.4 亿元，同比增长 7.8%，增速较上年降低 4.6 个百分点，增速降至个位数。

2019 年 1—12 月，化学制剂、生物药品和医疗器械三大细分行业仍旧保持高速增长，如表 4-3 所示，主营业务收入增速分别为 11.5%、10.3% 和 11.0%，中药饮片加工出现负增长。八个子行业中，主营业务收入最多的是化学药品制剂制造、中成药制造和化学药品原料药制造三大细分行业，占全行业的比重分别为 32.1%、17.2% 和 14.2%。

表 4-3　2019 年 1—12 月医药行业及主要子行业主营业务收入情况

行　　业	主营业务收入（亿元）	同比	比重	2018 年增速
医药行业	26723.4	7.8%	100.0%	12.4%
化学药品原料药制造	3803.7	5.0%	14.2%	10.4%
化学药品制剂制造	8576.1	11.5%	32.1%	19.3%
中药饮片加工	1932.5	-4.5%	7.2%	11.2%
中成药制造	4587.0	7.5%	17.2%	6.1%
生物药品制造	2479.2	10.3%	9.3%	11.4%
卫生材料及医药用品制造	1562.2	4.8%	5.8%	12.7%
药用辅料及包装材料	219.2	9.2%	0.8%	4.5%
医疗仪器设备及器械制造	3167.0	11.0%	11.9%	10.1%

数据来源：国家统计局，2020 年 4 月

如表 4-4 所示，2019 年 1-12 月，医药行业规模以上企业实现利润总额 3523.9 亿元，同比增长 6.7%，增速相比 2018 年下降 4.1 个百分点，高于全国工业利润增速 10 个百分点，利润率为 13.2%，高于全国工业利润率 7.3 个百分点，与上年同期相比，利润率提高 0.2 个百分点。同时，利润总额增速低于主营业务收入增速，说明医药行业盈利水平降低。细分行业中，生物药品制造、化学药品制剂制造和医疗仪器设备及器械制造利润率较高，表现突出。利润增速方面，药用辅料及包装材料表现

最为突出，增速达到 30.3%。

表 4-4　2019 年医药工业利润总额和利润率完成情况

行　　业	利润总额（亿元）	同比	利润率	2018 年利润率
医药行业	3523.9	6.7%	13.2%	13.0%
化学药品原料药制造	449.2	4.1%	11.8%	10.6%
化学药品制剂制造	1172.7	14.6%	13.7%	13.7%
中药饮片加工	162.8	−25.5%	8.4%	8.1%
中成药制造	593.2	−1.8%	12.9%	13.8%
生物药品制造	485.4	14.0%	19.6%	18.2%
卫生材料及医药用品制造	164.2	8.0%	10.5%	10.3%
药用辅料及包装材料	19.8	30.3%	9.0%	9.5%
医疗仪器设备及器械制造	429.3	13.2%	13.6%	13.1%

数据来源：国家统计局，2020 年 4 月

（二）资产负债率呈现下降态势，债务负担较轻

2019 年 1—12 月，医药工业总资产增长速度快于总负债增长速度，资产负债率为 41.2%，相比 2018 年的 41.8% 呈现下降态势。如表 4-5 所示，2019 年 1—12 月，医药工业资产同比增长 7.2%；同期，医药行业负债同比增长 5.2%。横向比较，作为轻资产及固定资产通用性较高的产业，医药行业杠杆率普遍偏低，债务负担较轻，近年来资产负债率低于 45%，而家电、钢铁、有色金属等行业的资产负债率普遍大于 50%。从细分行业看，2019 年，中药饮片加工行业资产负债率最高，达到 50.1%，说明中药饮片行业负债较多，长期偿债风险最高，生物药品制品制造的资产负债率在各细分行业中最低，仅为 33.2%，长期偿债能力较强。其他细分行业资产负债率均于 40.0% 上下，远远低于煤电、钢铁、有色金属等行业。

表 4-5　2019 年 1—12 月医药工业资产负债情况

时　　间	资产同比增长	负债同比增长
1—2 月	11.0%	12.9%

续表

时 间	资产同比增长	负债同比增长
1—3 月	10.6%	13.8%
1—4 月	9.4%	10.1%
1—5 月	9.4%	10.5%
1—6 月	9.1%	9.5%
1—7 月	8.8%	9.8%
1—8 月	8.5%	8.3%
1—9 月	7.9%	7.1%
1—10 月	8.3%	6.8%
1—11 月	7.7%	5.7%
1—12 月	7.2%	5.2%

数据来源：国家统计局，2020 年 4 月

（三）亏损面和亏损深度双增大，行业盈利能力持续降低

2019 年 1—12 月，医药工业亏损面和亏损深度相比 2018 年均增大，行业盈利能力降低。如表 4-6 所示，2019 年，医药工业企业数为 9070 家，其中亏损企业数 1388 家，亏损面为 15.3%，相比 2018 年的 14.2% 提高 1.1 个百分点。亏损企业累计亏损额为 185.7 亿元，亏损深度为 5.3%，相比 2018 年的 4.8% 提高了 0.5 个百分点。从细分子行业看，亏损面方面，中成药和化学原料药行业亏损面最大，分别为 18.6% 和 17.2%，分别高于医药制造业 3.3 个百分点和 1.9 个百分点。卫生材料及医药用品和药用辅料及包装材料行业亏损面较小，分别为 11.3% 和 11.2%，分别低于医药工业 4 个百分点和 4.1 个百分点；亏损深度方面，化学原料药行业亏损深度最高为 9.7%，其次为中成药和中药饮片行业，分别为 6.8% 和 6.1%，亏损深度最低的为卫生材料及医药用品行业，为 1.8%。

综合来看，医药行业盈利能力降低由多方面的原因导致。一是企业成本压力增加，药品注册标准提高、仿制药一致性评价、临床试验成本提高、国际注册等都大幅增加企业研发支出，环保税法，空气、水、土壤污染防治标准提高和监管加强带来环保成本的增加，原料药、中间体、中药材短缺导致原料成本增加，人口红利的消失和海外人才

的引进增加了人力成本。二是带量采购等各类政策的调整带来终端需求的不确定性。

表 4-6　2019 年 1—12 月医药工业及主要子行业亏损情况

行　　业	亏　损　面	亏　损　深　度
医药制造业	15.3%	5.3%
化学原料药	17.2%	9.7%
化学制剂	15.5%	2.7%
中药饮片	12.7%	6.1%
中成药	18.6%	6.8%
生物药品	16.1%	5.8%
卫生材料及医药用品	11.3%	1.8%
药用辅料及包装材料	11.2%	3.5%
医疗器械	13.4%	5.7%

数据来源：国家统计局，2020 年 4 月

三、重点领域情况

（一）化学制药行业主营业务收入增速放缓

2019 年，化学制药行业主营业务收入占整个医药行业的 46.3%，相比 2018 年的 47.4% 降低了 1.1 个百分点，依旧是医药行业贡献最大的细分行业。2019 年 1—12 月，化学制剂行业利润增速大于收入增速，盈利能力增加，化学原料药行业利润增速小于收入增速，盈利能力降低。从主营业务收入看，2019 年 1—12 月化学药品原料药制造业实现主营业务收入 3803.7 亿元，同比增长 5.0%，增速较 2018 年同期降低 5.4 个百分点；化学药品制剂制造业实现主营业务收入 8576.1 亿元，同比增长 11.5%，增速较上年同期下降 7.8 个百分点。从行业利润看，2019 年 1—12 月化学药品原药制造业实现利润总额 449.亿元，同比增长 4.1%，增速较上年同期下降 11.3 个百分点；化学药品制剂制造业实现利润总额 1172.7 亿元，同比增长 14.6%，增速较上年同期上升 5.9 个百分点。

（二）中成药制造业收入盈利面临挑战

2019 年 1—12 月，中成药制造业主营业务收入总额仅次于化学制药行业，增速继续稳定在 7.0%左右，行业增速在细分行业中表现平平。2019 年 1—12 月，医药行业主营业务收入增速为 7.8%，中成药制造增速仅为 7.5%，相比上年同期的 6.1%增加 1.4 个百分点，加上 2020 年新冠疫情中成药发挥的积极作用，2020 年中成药行业增速有望突破 9.0%。利润方面，2019 年 1—12 月，医药行业利润增速为 6.7%，中成药制造业利润增速为-1.8%，近两年利润增速连续下滑，行业盈利空间较小，随着 2020 年新冠疫情对中成药行业的积极影响，2020 年利润增速有望回升，并突破 6.0%。

（三）生物药品制造业盈利水平进一步增强

近两年，受益于中国制造强国战略政策影响及国家对于战略性新兴产业和高新技术行业的支持，生物药品制造业收入和利润持续保持高速发展，收入和利润增速均高于全行业平均水平，且均为两位数增长。2019 年 1—12 月，主营业务收入方面，医药行业增速为 7.8%，生物药品制造业增速为 10.3%，相比 2018 年的 11.4%下降 1.1 个百分点。利润方面，2019 年 1—12 月，医药行业增速为 6.7%，生物药品制造业增速为 14.0%，相比 2017 年的 13.0%提高了 1 个百分点，同时，利润增速大于主营业务收入增速，说明生物制药行业盈利能力进一步增强。

（四）医疗器械行业快速发展

"十三五"以来，受国家政策和市场需求推动，医疗器械行业产业规模和盈利水平持续快速增长。2019 年，医疗器械行业表现突出，收入和利润增速均保持两位数，远高于行业平均水平。2018 年，主营业务收入方面，医药行业增速为 7.8%，医疗器械行业增速为 11.0%，比医药行业整体增速高 3.2 个百分点，与 2018 年相比，增速高 0.9 个百分点。利润方面，医药行业增速为 6.7%，医疗器械行业增速为 13.2%，相比 2018 年利润增速降低 10.8 个百分点，盈利水平回归合理空间，继续保持高速增长。

第二节 存在问题

一、产业创新力依旧不足

2019 年，我国医药行业在政策引导带动下，创新动力增强，创新成果显著，但仍然存在临床必需品种国产供应不足，重大疾病领域临床价值大的药物依赖进口，价格较高的现象，制约了患者的用药可及性。以抗体药物为例，该类产品疗效确切，临床需求很大，但由于国产化产品少，价格较为昂贵，一般患者难以接受，受此影响，2018 年，全球抗体药物销售达到 1232 亿美元，但在我国的市场规模仅仅 144.09 亿元人民币。国内医药产业创新力不足主要有四方面原因，一是国内临床研究资源紧张，延缓了创新药的上市时间；二是创新药"进院难"现象普遍存在，一些恶性肿瘤、罕见病领域新药虽然进入医保目录，但由于终端政策影响导致"进院难"问题普遍存在；三是国产高端医疗器械推广不足，临床使用率低；四是科技成果有效转化不够充分，科研成果本地转化率低，研发成果产业化机制有待健全。

二、药品质量亟待提高

近两年，我国医药产业发展速度保持两位数增长，但仍存在已获批上市的药品质量参差不齐，一些品种的安全性和有效性存在缺陷等问题，药品质量亟待提高。化药方面，国产化学仿制药占临床用药的 60% 左右份额（其余为专利药、原研药和中药等），全面开展质量和疗效一致性评价折射出我国仿制药质量存在系统性不足。中药方面，我国中药品种数量众多，但很多品种存在基础研究薄弱、药效物质基础与作用机理不清楚、质量控制体系不健全等问题。中药材农残问题突出，野生药材质量下降明显，许多药材特别是贵重药材往往是"越贵越采，越采越少，越少越差"。

三、部分品种仍存阶段性供应短缺

2019 年，全国药品市场总体供应充足，但是部分小品种、小批量、低价药品，以及部分急抢救用药和妇儿药品存在阶段性供应短缺现象。分析原因，主要有以下三类：

一是政策设计和机制方面的原因。招标采购机制设计不合理，导致企业没有生产积极性，药品生产企业变更原料药供应商审批时间长，部分原料药出现阶段性断供。

二是企业自身的原因。近年来，受到原材料、人工成本、土地成本及环保要求提高、工艺优化、质量标准提高等因素的影响，部分急抢救药、小品种药及低价药品生产成本不断攀升，市场需求量小，企业缺乏生产动力。

三是其他原因。部分药品尤其是临床必需且用量少的急抢救药和低价药并非是实质性短缺，主要是原料药的恶意控销、垄断等因素导致的相对性短缺，部分原料药停产是环保限停产导致，政策调整也导致部分药品出现阶段性断供。

四、产品国际竞争力有待提高

近两年，虽然我国医药行业出口总额逐年增加，但从出口结构看，我国医药工业出口结构仍以大宗化学原料药和医药中间体为主，高端制剂和医疗器械出口较少，产品附加值低。2018 年，我国制剂出口额仅为 41 亿美元，与印度等新兴国家相比存在较大差距，面向欧美市场的高端制剂出口差距更大。2018 年，美国市场仿制药销售排名前 20 位的企业中有 5 个是印度企业，而我国企业在美国市场的仿制药销售才刚刚起步，创新药获批截至目前只有 1 个。此外，国内与高端制剂配套的制药设备很多依赖进口，药用辅料、包材品种类别和质量与国外差距大，符合国际 GMP 标准的生产基地少，不利于整体国际竞争力的提高。

第五章

食品工业

第一节 发展情况

一、运行情况

（一）生产平稳较快增长

截至 2019 年年底，全国规模以上食品工业企业数量为 36775 家，工业增加值占全部工业比重达 7.3%，其中，农副食品加工业、食品制造业、酒饮料和精制茶行业分别占 3.1%、1.9%、2.3%。食品制造业、酒饮料和精制茶制造业工业增加值增速较快，分别为 5.3%、6.2%，高于轻工行业 4.5% 的平均水平，农副食品加工业增速放缓，下降至 1.9%。

（二）投资增速出现分化

2019 年，食品工业三大子行业中，农副食品加工业固定资产投资增速全年维持较大幅度的下降趋势，全年降幅为 8.7%，其中，1—12 月较 1—9 月降幅明显收窄；食品制造业增速逐渐由正转负，由 2019 年 1—3 月的 4.4.% 降至全年的 -3.7%；酒饮料和精制茶制造业呈现加速增长态势，全年增速为 6.3%，显著高于 1—3 月的 3.2%。详见表 5-1。

表 5-1　2019 年 1—12 月全国食品工业子行业固定资产投资增速（%）情况

行 业 名 称	1—3 月	1—6 月	1—9 月	1—12 月
农副食品加工业	-6.7	-7.4	-10.8	-8.7
食品制造业	4.4	0.4	-3.0	-3.7
酒、饮料和精制茶制造业	3.2	4.3	4.7	6.3

资料来源：国家统计局，2020 年 1 月

（三）出口呈现增长态势

2019 年，我国规模以上食品工业实现出口交货值 3632.4 亿元，同比增长 3.3%，占全部工业的 2.9%。其中，食品制造业维持了 6.1% 的增速，出口交货值为 1098.0 亿；农副食品加工业出口交货值最大，为 2305.9 亿元，同比增长 2.4%；酒饮料和精制茶加工业出口交货值 228.5 亿元，同比降低 1.0%。18 个中类行业中，植物油加工、饮料制造降幅较大，分别为 20.9%、19.2%，屠宰及肉类加工、其他农副食品加工、罐头食品制造有所降低，降幅在 0.4% 至 7.2% 之间。其余行业均呈不同幅度增长，乳制品制造、谷物磨制、饲料加工、方便食品制造、焙烤食品制造等行业增幅较大，分别为 57.0%、47.6%、27.3%、27.1%、17.3%，其他子行业增幅在 2.0% 至 12.8% 之间，详见表 5-2。

表 5-2　2019 年全国食品工业出口交货值情况

行 业 名 称	全年出口交货值（亿元）	同比增长率（%）
食品工业	3632.4	3.3
农副食品加工业	2305.9	2.4
谷物磨制	22.8	47.6
饲料加工	62.7	27.3
植物油加工	28.6	-20.9
制糖业	4.9	10.6
屠宰及肉类加工	185.4	-3.4
水产品加工	1219.0	2.0
蔬菜、菌类、水果和坚果加工	598.3	4.2
其他农副食品加工	184.2	-0.4

续表

行 业 名 称	全年出口交货值（亿元）	同比增长率（%）
食品制造业	1098.0	6.1
焙烤食品制造	45.8	17.3
糖果、巧克力及蜜饯制造	133.9	12.8
方便食品制造	85.1	27.1
乳制品制造	4.5	57.0
罐头食品制造	218.6	-7.2
调味品、发酵食品制造	207.0	11.6
其他食品制造	403.2	4.5
酒、饮料和精制茶制造业	228.5	-1.0
酒的制造	99.3	8.1
饮料制造	48.2	-19.2
精制茶制造	81.0	2.1

资料来源：国家统计局，2020 年 1 月

二、效益情况

（一）经济效益平稳增长

2019 年 1—12 月，在贸易摩擦加剧、经济增速放缓等因素影响下，食品工业规模以上企业以占全国工业 5.3% 的资产，创造了 7.7% 的主营业务收入，完成了 9.3% 的利润总额，全年主营业务收入利润率为 7.1%，高于全部工业 1.3 个百分点，高于轻工业 0.6 个百分点。其中，酒饮料精制茶制造业表现突出，主营业务收入利润率达 14.5%。食品工业万元资产产出利润达到全部工业的 1.2 倍。

收入方面，2019 年，我国规模以上食品工业企业主营业务收入达 81186.8 亿元，同比增长 4.2%，农副食品加工业、食品制造业、酒饮料和精制茶行业增速分别为 4.0%、4.2%、5.0%。61 个小类行业中，47 个行业的主营业务收入同比增长，增幅在 0.3% 至 25.8% 之间，禽类屠宰、牲畜屠宰、肉制品及副产品制造、制糖业、乳粉制造、其他乳制品制造、其他未列明食品制造、酒精制造等行业增长较快，增幅超过 12%；14 个行业同比降低，降幅在 0.5% 至 26.6% 之间，玉米加工、保健食品制造、

营养食品制造、葡萄酒制造等行业下滑较多，降幅超过 11%。

利润方面，利润总额 5774.6 亿元，同比增长 7.8%，食品制造业和酒饮料精制茶制造业的增速分别达 9.1% 和 10.2%。在 61 个小类行业中，39 个行业的利润总额同比增长，22 个行业同比降低。禽类屠宰、液体乳制造、乳粉制造、味精制造等行业利润增长速度较快，增速分别为141.9%、76.1%、59.5%、30.0% 和 51.9%，23 个行业的利润增速超过 10%，8 个行业的利润增速超过 20%；酒精制造、制糖业、玉米加工、淀粉及淀粉制品制造、保健食品制造利润降幅较大，分别为 152.6%、95.7%、47.6%、40.8%、40.3%，其他 17 个行业的降幅在 0.2%～24.8% 之间。详见表 5-3。

表 5-3　2019 年全国食品工业主要经济效益指标概况

行 业 名 称	企业总数（家）	资产总计（亿元）	主营业务收入（亿元）	同比增长率（%）	利润总额（亿元）	同比增长率（%）	主营收入利润率（%）	成本费用利润率（%）
食品工业	36775	63591.3	81186.8	4.2	5774.6	7.8	7.1	7.7
农副食品加工业	22401	29528.0	46810.0	4.0	1887.6	3.9	4.0	4.2
食品制造业	8291	16278.2	19074.1	4.2	1670.4	9.1	8.8	9.5
酒、饮料和精制茶制造业	6083	17785.1	15302.7	5.0	2216.6	10.2	14.5	17.8

资料来源：国家统计局，2020 年 1 月

（二）亏损情况变化较大

2019 年，我国规模以上食品工业累计亏损企业有 5369 家，亏损面为 14.6%。其中，农副食品加工业和食品制造业亏损面差别不大，分别为 15.2% 和 15.0%，酒饮料和精制茶行业亏损面相对最小，为 11.9%。从亏损企业亏损总额来看，食品工业总计达 463.4 亿元，其中，农副食品加工业占比达 53.9%，贡献度最大；农副食品加工业、食品制造业增幅较大，分别为 23.0% 和 30.8%；酒饮料和精制茶行业亏损总额则有所降低，降幅为 3.2%。全年规模以上食品工业企业资产负债率为 50.5%，低于轻工行业 2.3 个百分点，其中，农副食品加工业为 57.0%，是三大子行业中最高的行业。详见表 5-4。

表 5-4　2019 年全国食品工业及子行业负债和亏损企业亏损情况

行　业　名　称	亏损企业数（家）	亏损企业亏损总额（亿元）	亏损面（%）	亏损深度（%）	负债率（%）
食品工业	5369	463.4	14.6	8.0	50.5
农副食品加工业	3406	249.9	15.2	13.2	57.0
食品制造业	1241	111.7	15.0	6.7	48.3
酒、饮料和精制茶制造业	722	101.8	11.9	4.6	41.6

资料来源：国家统计局，2020 年 1 月

三、重点领域或重点产品情况

（一）重点产品情况

受居民消费升级、国际贸易形势变化等因素影响，我国食品工业各子行业的主要产品产量呈现不同变化。2019 年，全国 19 种主要生产食品中，13 种产量同比增长，6 种产量同比下降，其中，成品糖、酱油、软饮料增幅较大，分别为 14.8%、11.6%、7.0%，软饮料产品子类中的包装饮用水增幅为 10.6%；葡萄酒、罐头产量降幅较大，分别为 10.2%、9.0%。详见表 5-5。

表 5-5　2019 年全国食品工业主要产品产量

序号	产　品　名　称	全年产量（万吨，万千升）	同比增长（%）
1	小麦粉	8606.9	1.1
2	大米	10787.1	5.4
3	精制食用植物油	5421.8	1.0
4	成品糖	1356.5	14.8
5	鲜、冷藏肉	2817.5	0.9
6	冷冻水产品	739.2	3.7
7	糖果	329.8	4.1
8	速冻米面食品	302.0	-0.2
9	方便面	573.2	-6.7

续表

序号	产 品 名 称	全年产量（万吨，万千升）	同比增长（%）
10	乳制品	2719.4	5.6
	其中：液体乳	2537.7	5.8
	乳粉	105.2	2.4
11	罐头	919.1	−9.0
12	酱油	680.6	11.6
13	冷冻饮品	246.3	0.5
14	发酵酒精（折 96 度，商品量）	691.6	−2.5
15	白酒（折 65 度，商品量）	785.9	−0.8
16	啤酒	3765.3	1.1
17	葡萄酒	45.1	−10.2
18	软饮料	17763.5	7.0
	其中：碳酸饮料类（汽水）	1845.3	6.6
	包装饮用水类	9698.5	10.6
	果汁和蔬菜汁饮料类	1643.8	0.3
19	精制茶	237.4	2.5

资料来源：国家统计局，2020 年 1 月

（二）重点领域情况

1. 人造肉制品走上消费者餐桌

近年来，世界人口持续增长、消费水平普遍提高，对动物性食品需求旺盛。资源短缺、环境变化使得传统的肉类产品生产模式受到日益严峻挑战，联合国和各国政府纷纷呼吁未来替代性产品的开发与消费，其中，人造肉引发业界高度关注。2018 年 9 月，联合国向 Beyond Meat 和 Impossible Foods 两家植物肉创业公司颁发了"地球卫士奖"——科学与创新奖项。2019 年 8—9 月，肯德基、赛百味、汉堡王等主流餐饮公司纷纷在欧美市场推出相关产品，引发热烈反响。传统肉品产业链条上的粮油、饲料、肉类加工、下游综合食品大型企业纷纷以投资、收购、合作开发、产品专供等方式，积极布局人造肉领域，同时，该领域也受到个人、企业或机构投资者的广泛青睐，如，比尔·盖茨、瑞银集团等领衔投资多个项目。2019 年 5 月，被称为"人造肉第一股"的创业公

司 Beyond Meat 正式登陆纳斯达克，IPO 首日暴涨 163%，为金融危机以来最佳 IPO 首日表现，截至 9 月，股价总体涨幅超过 5.4 倍。影响延伸至国内，双塔食品等相关企业股价持续上涨。

从食品原料角度看，已有的植物肉产品在肉色、呈味物质方面取得了长足进步，但在咀嚼感、多汁性等方面尚无法达到肌肉组织的特征，无法满足西式高档牛排、中式涮肉、烤鸭等更加注重"原汁原型"的产品要求，培育肉产品则短期内无法产业化，传统肉类仍将是消费者首选。另一方面，由于人造肉原料的高度标准化、可得性和更低的综合成本，占全球加工肉品 60% 以上的牛肉饼、香肠等西式乳化肉品，以及现阶段工业化程度低但发展空间巨大的肉丸、中式肉馅等各类中式肉品，都将成为人造肉广阔的应用市场。同时，基于良好的加工特性，人造肉制品未来可为营养强化、精准营养、个性化定制提供更多空间，更加符合现代消费者需求。预计未来 5～10 年，我国肉类总体自给率仍需保持 90% 以上的高位，人造肉的开发将对我国肉类产品消费"调结构、防风险、保供应"起到一定作用。

目前，国内植物肉市场尚处于起步阶段。2019 年 8 月，万州国际旗下史密斯菲尔德宣布开发植物肉产品。中秋节前后，珍肉食品、双塔食品合作开发的植物肉月饼面世，微博相关阅读量超过 2 亿次，相关话题引发消费者高度关注。2019 "淘宝造物节"专设人造肉展区，香港 Green Monday 等企业将集中展示新品。国外企业 impossible Foods 和 Beyond Meat 已宣布进军中国市场的计划。预计未来一段时间，人造肉产品逐渐走上我国消费者餐桌，首先从西式快餐开始，再逐渐发展到休闲食品、方便食品、中式菜肴等领域，供给商超和家庭。

2. 老年食品发展正当其时

根据联合国人口老龄化统计标准，一个国家或地区 65 岁以上老年人口占总人口数比例达到 7% 以上，就进入老龄化社会阶段，截至 2019 年年底，我国 60 岁以上人口 2.54 亿，是世界上该人口唯一超过 2 亿的国家，占我国总人口的 18.1%，同比增长 0.6 个百分点，其中 65 岁以上人口 1.76 亿，占总人口的 12.6%，同比增长 0.3 个百分点，预计到 21 世纪中叶，中国 60 岁及以上老年人口接近 5 亿，占总人口 35% 左右，人口老龄化已成为中国现阶段乃至 21 世纪的重要国情之一。

人口老龄化对社会发展带来深刻影响，延缓衰老、预防和治疗老年疾病成为紧迫任务，以改善老年人的衰老症状、提高体力精力和生活质量、延长预期寿命、降低社会医药卫生费用，这些问题的解决与改善饮食结构和营养状况密切相关。另一方面，老年人对减低热量和小分子糖摄入、营养供给的准确性、高生物价蛋白质、控制膳食中脂肪供能比例、保证各类微量元素、维生素的摄入等特殊生理需求及饮食相关生理功能下降，对老年食品的研究与开发提出了命题和方向。20 世纪 70 年代以后，日本等世界上的主要工业国家相继进入人口老龄化，发达国家纷纷将老年食品的研究与开发作为食品工业发展的重要任务之一，老年食品发展迅速。各国对老年食品的划分尚无统一或相近的标准，根据《食品安全国家标准 老年食品通则》（征求意见稿），将老年食品定义为一类特殊膳食用食品，具体分为三类，针对咀嚼吞咽能力下降主要改变物理性状的易食食品；满足基本营养需求可作为代餐品的老年营养配方食品；主要补充易摄入不足营养素的老年营养补充食品。另一方面，保健食品，指声称并具有特定保健功能或者以补充维生素、矿物质为目的的食品，老年保健食品不作为单独门类定义，一般是行业或消费者的使用名词，指适于部分老年特殊人群使用的保健食品。

当前，我国老年食品发展尚处于起步阶段。近年来，随着《"健康中国 2030"规划纲要》、国家食品安全战略等系列政策文件有力推动及消费升级的巨大拉动作用，市场上专用乳粉、低糖糕点、八宝粥罐头等适老化产品占比提高，受到消费者青睐，一些"银发餐厅""银发餐食"纷纷出现。预计未来一段时间，更加符合日常膳食需求的各类预包装老年食品、速食产品将得到长足发展，老年领域特殊医学用途配方食品研发、不同类别老年食品标准的研讨与制定、老年食品包装设计将成为产业界关注的重点，从整体来看，老年食品监管将日趋严格，供销渠道更加丰富。

第二节　存在问题

一、产业链短板日益突出，安全风险仍需防范

我国于 2010 年超过美国，成为食品第一大国，也是世界上加工原

料种类最丰富、制造与消费产品门类最齐全、产业链条最完整的国家之一，同时，仍存在一些较为突出的问题，影响产业链安全和稳定，近年来，国家贸易局势不稳定性加剧，与贸易摩擦带来较集中的短期经济效应和贸易替代相比，这些问题对产业发展的长期制约和影响更大。

原料保障方面，一方面，部分原材料呈现结构性短缺，主要集中在食用植物油和饲料加工所需黄大豆、乳品加工所需乳清粉及副产物、啤酒加工所需大麦以及蔗糖等，我国企业缺乏定价权，受国际贸易和价格波动影响大。另一方面，食品工业专用原料开发和规模化利用程度不足，供应链分散，特别是果蔬行业，近年来，生产主体纷纷转向经济价值更高的生鲜品类，导致工业原料供应保障能力下降。

包材设备方面，供给数量充足，但龙头企业及其关键设备的国产率仍然较低，部分子行业处于依存态势，如，罐头及软罐头、乳制品加工所用成套设备和包装材料、新一代肉品包装材料等，主要产品进口率在70%以上。食品包材设备企业面临研发周期长、投入高和单一企业资金力量薄弱、产能不足、缺乏品牌影响力等问题，过度依赖进口导致食品加工企业成本高、产品开发迭代受限。

加工制造方面，一方面，随着食品功能化、营养健康、个性化发展，食品工业微生物、生物代谢新型产品配料等成为业界新一轮制高点，我国在益生菌株、发酵菌株、氨基酸菌株、功能油脂、酶制剂等方面缺乏自主产权，主要产品进口率在70%以上。另一方面，具有我国特色的中式菜肴、肉品、米面制品等工业化发展仍较为缓慢。

流通销售方面，一方面，食品加工的多数原材料及产成品属于易腐产品，需进行冷链物流，我国综合冷链流通率不足20%，保鲜、冷藏车、冷库等技术装备应用率低，导致物流中损失严重，另一方面，我国人均易腐食品占食品总消费量达60%以上，微生物污染等安全问题有严重隐患，相关事件频频爆出，引发消费者担忧。

二、疫情带来生产消费变化，细分行业影响不一

当前，新冠肺炎疫情已成为全球面临的共同挑战，疫情期间，社区居家封闭式管理模式下的食品消费渠道和模式产生巨大变化，同时，对子行业的生产工作造成不同影响。

粮油行业。据不完全统计，2020 年 1—2 月，我国粮油消费涨幅超过 200%，食用植物油、小麦粉、包装挂面、方便面、大米等产品得到大量的家庭储存，但考虑到粮油产品具有耐储存、逐渐式消耗、总需求量较稳定等特点，预计 2020 年全年粮油消费总量的同比增幅将逐步下降至合理水平。其中，疫情发生以来，由于餐饮和学校、企事业单位食堂就餐比例大为下降，家庭烹饪情况增多，5L 以下小包装食用植物油的消费份额占比明显提升。

调味品行业。目前，我国调味品用于食品制造、餐饮和家庭消费的比例约为 25：45：30。近年来，我国调味品工业迎来较快发展，很大程度上源于消费升级和餐饮工业化所带来的巨大拉动作用，餐饮用调味品的比例提升，使得调味品产量、包装规格和销售均价都得到提高。疫情发生以来，餐饮业关停比例较高，家庭消费的比例提升，由于家庭使用调味品较餐饮行业具有利润空间薄、单品规格小、使用周期长等特点，及时变革销售渠道和消费场景、保障产品销售和资金流动成为调味品工业企业的主要任务。

由于疫情的影响，部分子行业无法生产结构产品，一些产业链条较长的品类受到影响更大。如乳制品行业，疫情发生以来，由于原料运输、工业人员复工复产等原因，造成原料奶消化问题突出，据不完全统计，1—3 月份，全国约有超过 30% 的原料奶需要通过喷粉消化，截至 2 月初，全国日喷粉量突破 1.4 万吨，使得企业压力生存加大、利润比率降低、产品结构简化。另外，疫情全球蔓延趋势加剧，使得对外依存度较高的部分婴配乳粉配料价格提升、物流受阻，疫情已经造成国际乳粉生产与进出口等供应链延迟的问题，由于高端配料可能被国际大型厂商提前锁定，我国婴配乳粉企业，特别是部分中小企业面临重大考验。

三、部分行业迎来发展机遇，供给潜力有待挖掘

疫情防控状态下，使得近年来得到快速发展的方便食品和保健食品的诉求进一步得到广泛关注。一方面，方便食品发展迅速，除各类主食产品外，在中餐标准化发展和日式便利店等工业化中式菜肴发展的共同推动下，速食产品得到快速发展，其中，中央厨房工厂的出现大大推动了这一进程，许多知名饭店、连锁便利店等的菜肴实际上属于中央厨房

工厂加工的工业化食品，直接成为预包装食品供给门店或在门店仅进行水浴加热等环节。如，2020 年新冠肺炎疫情期间，便利蜂、饭美美等企业向武汉抗疫一线捐赠了大量餐食，就属于这一品类，这些产品也广泛受到消费者青睐，特别是复工人群。某些企业，如海底捞等，甚至专门有调味品、小食加工、农产品加工等自有供应链工厂进行制作，但这些产品仍主要供给餐饮渠道，疫情发生以来，餐饮门店普遍关停，相关企业损失严重。预计未来 3～5 年，具有传统食品特色、采用工业化方式生产、直接供给消费渠道的速食产品、半成品、专用调味品、专用酱料等将得到快速发展，与之匹配的工艺探索、机械装备制造、标准制订等工作将成为需要前瞻性关注和解决的问题，目前，有关产能还不能满足市场需求，管理尚不完善。

另一方面，具有提高免疫力等功能的保健食品更加受到消费者关注。我国保健食品进入更加严格、规范的高质量发展阶段，保健食品名称、备案与注册制度等政策规定更加完善，与此同时，也面临供给与需求不能满足和匹配的问题。从上游层面，随着 2016 年 7 月 1 日《保健食品注册与备案管理办法》的实施，国产保健食品注册制审批数量骤降，2018 年全年至 2019 年上半年，共批准国产保健食品 45 件，进口保健食品 0 件，审批耗时较长、成本较高，使得新品开发与应用受到影响。销售层面，将普通食品夸大为保健食品、虚假宣传、欺诈等事件的发生使得保健食品本身声誉严重受损，行业形象亟待恢复。

区　域　篇

第六章

东部地区

第一节　典型地区：天津市

一、运行情况

2019 年天津市消费品工业保持平稳发展态势，战略性新兴产业增长迅速，生物医药产业工业总产值增长 4.9%，高于全市规模以上工业0.9 个百分点。医药制造业增加值占全市工业的比重为 5.2%，同比增长8.8%，高于全市规模以上工业 5.4 个百分点。轻纺工业总产值占全市工业的 9.5%，累计增速同比减少 3.4%，纺织业工业增加值占全市工业的0.3%，同比增长 5.1%。

2019 年以来，以生物医药为代表的消费品工业取得了较快的发展，同时，行业目前仍面临一些主要问题，需要进一步加强协同、保持定力、持续推进。生物医药产业药物新品种开发周期长，新的大品种少；轻纺、食品等传统行业转型升级任务艰巨，在技术创新、质量安全等方面还存在短板等。

二、发展经验

（一）做好消费品工业政策研究

完成落实《天津市生物医药产业发展三年行动计划（2018—2020年）》的 2019 年工作要点编制并印发，拟制《天津市工信局 2019 年食品安全工作计划》等文件，完成《天津市生物医药产业图谱》《加快天津市生物医药产业发展政策研究》等报告。

（二）着力推进生物医药产业率先发展

推进生物医药项目建设，药物研究院国家重点实验室及科研成果产业化基地等总投资 41 亿元的 10 个生物医药产业项目于 2019 年底竣工。引导企业积极开展仿制药一致性评价，力生制药和金耀集团的呋塞米片、甲泼尼龙片通过现场审查。

（三）加快纺织产业转型升级

纺织行业总体运行平稳，"抵羊"品牌毛毯、毛衫产品实现在京东、三佳购物销售，并成功签约国际一线品牌。天纺标建立"标准"网站，成功举办首届时装周活动，发布了基于 60 万份报告的大数据分析，积极开拓"一带一路"扩大棉纱消费品进口，同比增加 53.9%。

（四）推进轻工行业智能化提升

不断增加家电智能、健康、绿色等中高端消费品供给。天津海尔互联网洗衣机项目成为家电智能制造龙头，生产波轮式、搅拌式、双动力式及免清洗等 8 大系列海尔洗衣机项目正式投产。持续淘汰落后产能设备，宝坻区发达造纸有限公司 4 万吨制浆及 3.2 万吨造纸产能全面退出，蓟州区、滨海新区淘汰 1575、1092、1760 等圆网造纸机 7 台。

（五）促进食品工业健康发展

开展打击清理整顿保健品乱象专项行动，全面摸清了全市 36 家保健食品工业企业的名单和所在区域，并在开展 2019 年食品安全宣传周期间，由各区工业和信息化主管部门筛选重点企业《食品工业企业诚信管理体系》国家标准培训会。开展重点食品工业企业追溯体系建设工作，在对全市 4 家婴幼儿配方乳粉工业企业追溯系统建设情况进行深入调研的基础上，积极推动我市伊利乳业有限责任公司、澳斯乳业有限公司纳入工信部试点单位，同时，积极推进我市津酒集团成为全国首批纳入试点的 12 家白酒生产企业之一。

（六）加强消费品工业安全生产管理

深入富士达、宝岛电动车、田歌纺织有限公司、翰林航宇（天津）实业有限公司、天津兴华造纸厂、天津金源造纸厂、明盛地毯有限公司等企业，调研指导并督促加强安全生产管理。持续推进安全生产大检查工作，特别是在中华人民共和国成立 70 周年国庆节期间严格落实上级指示精神，对消费品企业 30 余家进行了安全隐患全面排查，进一步摸清安全底数，安全生产得到了有效保障。

三、启示与建议

一是强化新动能培育。加快打造天津生物医药战略性新兴产业集群，相关部门配合协作完成好天津市生物医药产业三年行动计划，支持滨海新区等生物医药产业优势区域加快形成产业集聚发展态势。

二是加大龙头企业培育力度。鼓励以生物医药工业百强企业为核心构建地方配套协作产业链，加大对天津药研院公司、康希诺股份、杰科生物、正天医疗、迈达医学等细分领域骨干企业扶持培育力度。

三是推进新技术、新产品开发。推进单克隆抗体药物等临床开发，加快脑膜炎球菌结合疫苗等新药上市，3.0T 磁共振医疗设备产业化，呋塞米片、甲泼尼龙片仿制药通过一致性评价等普通品种。

四是推动产业智能化升级。加快互联网、大数据、人工智能与消费品工业的深度融合，引导轻工、纺织等传统行业企业加快智能化升级改造。

五是强化盐政管理。推进盐业体制改革平稳进行，完善市、区两级食盐专营管理体制，进一步细化盐业主管部门权责清单。

第二节　典型地区：山东省

一、运行情况

2019 年，山东省认真贯彻党中央、国务院工作部署，坚持稳中求进工作总基调，牢固树立和贯彻落实新发展理念，稳增长、调结构、促安全、保供给，积极推进新旧动能转换重大工程顺利实施，推动消费品行业平稳健康发展。

2019 年，山东省大力推动消费品工业增品种、提品质、创品牌，培育壮大消费品产业集群，充分发挥消费对经济发展的促进作用，以供给提升创造消费新增长点，努力推进高质量发展。1—12 月，消费品规模工业增加值同比增长 7.8%，其中医药、食品、轻工、纺织行业分别同比增长 8%、7.5%、7%、8%。

二、发展经验

（一）抓安全提品质促进食品工业转型升级

认真贯彻落实《中共中央国务院关于深化改革加强食品安全工作的意见》和省委省政府关于加强食品安全工作的要求，推动食品行业健康发展，促进食品工业转型升级，满足城乡居民食品消费需求，培育经济发展新动能。

一是推进食品行业诚信体系建设。大力宣传贯彻《食品工业企业诚信管理体系》国家标准，组织举办三期培训班，培训 500 余人，推动省重点食品企业建立健全诚信管理体系，提高企业诚信意识、预防失信风险、规范诚信经营行为，提升企业管理水平。

二是推动食品企业转型升级。重点支持食品工业"三品"战略和特色食品加工示范基地建设等，支持食品企业开展质量检测体系改造和能力提升，为行业内中小企业提供委托检测、人员培训等服务，提升行业质量安全保障水平。

三是实施鲁酒品牌提升工程。深入贯彻落实省委省政府领导关于鲁酒高质量发展的批示精神，组织召开了全省葡萄酒产业发展座谈会和现场会，围绕破解制约葡萄酒产业发展困难和问题的对策措施进行研讨，开展了"鲁酒品牌提升工程"专项活动，成功举办"2019 第二届黄淮流域白酒核心产区领袖企业峰会"，组织召开"鲁酒品牌提升工程"实施新闻发布会暨第二届鲁酒品牌发展高层论坛和"鲁酒高质量发展高层研讨会"。开展鲁酒系列宣传推介活动，举办"2019 第十三届中国（山东）国际糖酒食品交易会"，深度拓展国内外市场。

（二）多措并举推动传统轻工产业提质升级

一是培育壮大一批轻纺骨干企业。山东省轻工纺织行业企业实力不断增强，齐峰新材料股份有限公司、山东日发纺织机械有限公司等7家企业荣列工信部公布的2019年制造业单项冠军示范（培育）企业名单，海尔集团公司、海信集团公司等9家企业进入"2019中国企业500强"排行榜。

二是促进印染行业规范发展。为引导印染行业向技术密集、资源节约、环境友好型产业发展，根据《印染企业规范公告管理暂行办法》有关规定，组织省内印染企业开展符合印染行业规范条件企业公告申报。华纺股份有限公司、山东滨州亚光毛巾有限公司、鲁丰织染有限公司成为继山东如意数码科技印染有限公司、山东如意毛纺服装集团股份有限公司之后，第二批进入符合《印染行业规范条件（2017版）》名单的企业。

三是扩大展会赛事影响力。积极为省轻工纺织服装产业高质量发展搭建平台、营造氛围。指导举办了第十九届（青岛）国际时装周、明远杯国际家居纺织品创意大赛、"迪尚杯"中国服装设计大赛、"泉城风尚"国际时装周、青岛国际家具展、世界家纺大会、中国（北方）五金机电博览会、中国（青岛）皮革鞋机鞋材展览会、中国（齐鲁）科技纺织时尚周、山东（国际）制浆造纸技术及装备展览会等一批展会赛事，不断扩大展会赛事的影响力。

四是开展工艺美术行业保护。研究拟定《山东省传统工艺美术保护规划》《山东省传统工艺美术高质量发展规划》。组织参加全国工艺美术行业管理暨产业扶贫培训班。组织了中国（山东）工艺美术博览会、"壮丽70载，奋斗新时代—中国山东工艺美术大师精品展"等展会。

（三）强保障提水平推动医药产业转型升级

一是做好医药供应保障。认真落实工信部等部门关于组织开展小品种药（短缺药）集中生产基地建设、国家组织药品集中带量采购和使用试点扩围、健康山东行动方案、公立医疗机构药品采购推行"两票制"实施方案等工作部署，保障山东省医药生产供应。完善医药储备管理办法，做好医药储备工作，合理确定储备规模，建立储备目录的动态调整机制。

二是提升医药产业发展水平。支持仿制药质量与疗效一致性评价工作，鼓励临床急需仿制药研发。支持青岛市开展蓝色药库建设，开展海洋药物研产合作，推进海洋药物的研发进程和产业化步伐。组织全省医药企业参加全球健康论坛大会，做好全球大会招商招展工作，促进医药产业全球对接合作。

三是培育中药新的经济增长点。着力推动中药配方颗粒研究试点工作，组织相关专家分别赴河南、湖北、云南和贵州四省实地考察学习中药配方颗粒研究试点经验做法，全面了解了开展中药配方颗粒研究试点的政策措施、业态现状和取得成效等情况。会同省直相关部门联合印发了《关于开展山东省中药配方颗粒研究试点工作的通知》，经企业申报、专家评审、网上公示等程序，确定山东省中药配方颗粒研究试点首批企业名单。

（四）补短板壮集群纺织产业高质量发展

加快构建协同发展的现代轻纺产业体系，努力推动全省轻工纺织产业高质量发展，促进纺织服装产业数字化转型和品牌提升。

一是补牢补齐纺织服装创意设计短板。针对纺织服装创意设计这一短板，积极培育建设了一批资源集聚能力强、专业服务水平高、支持开放创新的纺织服装创意设计园区（平台）。明远大家居时尚创意中心、如意国际时尚创意设计平台获得工信部认定的 2019 年纺织服装创意设计试点示范园区（平台）称号。

二是培育打造两个世界级纺织服装产业集群。启动滨州、即墨两个世界级纺织服装产业集群培育工作。促成中国纺织工业联合会与青岛市即墨区人民政府签订战略合作协议，共同建设"世界级童装产业集群先行区"；促成中国纺织工业联合会与滨州市人民政府战略合作，共同建设"世界级家用纺织品产业集群先行区"。

三是积极构建社会组织多元合作。组织省际协会合作，促成山东省纺织服装行业协会与广东省服装服饰行业协会、浙江省服装行业协会、广东省服装设计师协会达成战略合作协议。促进时尚产业交流，12 月指导省纺织服装行业协会与省家具协会、省智能家居协会等 15 家行业组织，联合成立了山东时尚产业发展促进委员会，整合了全省时尚要素资源。

四是抓转型解决产业技改瓶颈问题。组织召开了"全省纺织服装行业智能化技术改造现场会暨数字化转型培训推进会"，组织推荐了 27 家智能化改造和数字化转型典型案例，以及 12 家智能化改造和数字化转型服务商，编印了会议《交流材料汇编》和《小微企业金融产品使用手册》。通过专家解读、典型企业示范讲解和现场观摩，为省内纺织服装企业数字化转型提供了可行路径。

（五）落实盐业改革做好食盐专营管理

一是深化推进盐业体制改革相关工作。继续发挥盐改领导小组办公室综合协调作用，对各市政企分开、职能移交、人员安置、食盐执法等情况进行调度，及时掌握全省盐业体制改革进展情况。开展盐改工作重点督导，进行现场督查，组织召开全省盐行业工作座谈会，对全省盐业体制改革和行业生产经营秩序进行了再强调。

二是做好省级政府食盐储备工作。按照《山东省盐业体制改革实施方案》《山东省省级食盐储备资金管理办法》等有关规定，认真落实食盐储备机制，保证食盐储备安全有效供给。起草了《山东省省级食盐储备管理办法》和《山东省食盐供应应急预案》并完成意见征求工作。

三是扎实做好行业监管工作。落实食盐定点审批管理机制，对部分食盐定点企业的变更申请按要求进行审批。发布《关于外省食盐批发企业来山东开展跨省经营有关信息情况的公告》，及时对来山东省开展经营业务的外省食盐批发企业相关信息进行公告，规范企业经营行为，指导服务企业尽快适应盐业市场新秩序。

三、启示与建议

（一）大力实施"三品"战略，改善供给结构，提高供给质量

适应消费升级需求，突出重点领域、重点企业、重点产品、关键环节，深入细分行业分类指导。支持和建设一批高水平研发机构，构建以

企业为主体、产学研用一体的技术创新体系，加快突破消费品制造、流通等领域关键共性技术，不断增强企业创新动力、创新活力、创新实力，提升产品功效、性能、可靠性，提高供给质量；创新消费品市场营销模式，广泛推行"互联网+"、个性化定制、服务型制造、网络化协同制造等新模式。

（二）大力提升食品行业发展水平

一是鼓励食品企业加强品牌建设，夯实品牌发展基础，提升产品附加值和软实力，增强食品企业市场竞争力。

二是推进食品行业诚信管理体系和追溯体系建设。在食品规模以上企业开展《食品工业企业诚信管理体系》国家标准培训，引导企业建立诚信管理体系和食品安全可追溯制度，鼓励企业按照良好生产经营规范组织生产，加快推行"区块链+"等技术，提高企业管理水平。

三是推进"两化"深度融合。加快大数据、云计算、物联网等新一代信息技术在食品工业研发设计、生产制造、流通消费等领域的应用，促进新业态新模式发展。培育一批重点食品制造智能工厂建设试点示范企业，提高智能化水平。

（三）加快推进医药行业转型发展

聚焦医养健康领域，以提质增效为中心，推动企业技术装备水平、产品质量水平、绿色生产水平、智能制造水平的提升。巩固传统原料药优势，重点发展特色原料药；围绕重大疾病防治创新一批新型药物，推动重大疾病用药物的研究和产业化；大力发展制剂产品，鼓励原料药、制剂一体化生产；发展新型制剂药物。实施中药质量品牌提升战略，加强符合 GAP 规范的药材基地建设，保障优质药材供应；提升中药饮片质量，推进配方颗粒研发及产业化。加快推进医疗器械技术突破，重点加强数字诊疗装备、体外诊断产品、高值耗材等重大产品攻关。加快推进医药产业国际化步伐，紧紧抓住"一带一路"机遇，加快开发国际新兴医药市场，加强对国际市场医药产品需求的研究调研，继续巩固传统的亚洲市场，努力开发东欧、非洲、南美新兴市场，重点突破欧美日发达国家市场，引导重点企业与世界知名企业、科研院所进行新药开发、技术引进、技术交流、投资并购等多方位合作，在海外建立销售和研发机构，推动海外注册、并购整合及专利保护，加快融入国际市场。

（四）深化推动盐改和食盐专营管理

一是推动盐改工作落实到位。发挥各级盐业体制改革领导机构作用，指导和督促市、县两级做好盐改特别是盐业人员安置工作，保持盐业队伍和食盐经营稳定。

二是建章立制推动食盐管理科学化规范化。推动《山东省省级食盐储备办法》和《山东省食盐应急供应预案》两个规范性文件出台，开展《食盐专营办法》宣贯，加强调查研究，积极协调有关部门，研究制定《山东省盐业管理办法》，推动我省盐业管理立法工作。

三是加强基层执法能力建设。继续推动将盐业执法纳入地方综合执法范围。将主要执法力量下沉到基层，充分发挥基层执法队伍整合优势。

四是严厉打击违法行为。进一步加大食盐专营领域违法行为查处力度，防止非食用盐流入食盐市场，有效维护食盐市场稳定，规范食盐市场秩序。

五是建立部门协作机制。建立与食盐质量安全监管、公安机关、卫生健康等部门协作配合机制，依法加强食盐专营和安全监管。五是加强调查研究，研究制定山东省盐行业十四五规划，为山东省盐行业高质量发展提供战略指引。

六是协调省盐业协会落实好盐行业统计工作，为全省行业管理提供基础数据支撑。

七是联系省盐业协会，推动落实盐业信用等级评定和行业标杆企业认定等工作。

（五）开展工艺美术保护工作

一是加快制度创新。研究制定《山东省工艺美术大师管理办法（暂行）》《山东省工艺美术大师示范工作室（齐鲁工坊）认定办法（试行）》等，发挥大师在行业中的标杆和示范作用，切实提高大师社会地位和授徒传艺的积极性，培养一批工艺美术产业实用性人才。

二是加大保护传承。开展国家级工艺美术大师口述史记录和保护工

作，为工艺美术的保护、传承和发展奠定基础。

三是开展交流培训。优选一批省级工艺美术大师，开展工艺美术大师素质提升专项培训，拓展大师视野，提高理论技艺水平，提升新品精品产出率。

（六）推进轻纺行业高质量发展

一是推进行业数字化转型。主动适应大数据、5G、区块链等新一代信息技术发展趋势，在轻工纺织领域推动实施数字化转型工程。充分调研了解需求，适时出台实施方案，建立服务机构资源池，推动大数据与产业深度融合，促进行业企业以产业链条为纽带，抱团发展、协同发展、创新发展。

二是实施品牌提升工程。出台《山东省轻工纺织行业品牌提升计划》，统筹推进重大科技成果产业化，为山东省轻纺行业品牌提升注入科技力量支撑，以国家级"纺织服装创意设计试点园区（平台）"创办为依托，搭建时尚平台。开展以"5 名金顶奖设计师进山东"等为载体的"国内外设计师进山东"行动，促进国内外设计师与山东优秀制造企业达成深度合作。

三是开展轻纺企业能力提升行。结合企业家队伍建设"111"工程，将轻纺企业作为重点，分省内、国内、国外三类，在创新发展、数字化转型、品牌建设、国际竞争等方面开展专题培训。到地市、区县进行巡回宣讲，给轻纺企业提供把脉会诊服务，为企业逐个制定转型升级方案。协助省内企业选取国内外优秀轻纺企业作为学习赶超的目标，建立点对点的学习沟通渠道，促进企业向更高水平、更高质量发展。

（七）推动消费品拓展市场

鼓励展会赛事通过提升等级、扩大规模、叫响品牌等多种形式发挥展会经济、赛事经济作用。指导举办一批服装、家具、家电、造纸等行业的重点展会和促销活动。组织好山东省糖酒商品交易会、中国（山东）工艺美术博览会、东亚国际食品交易博览会等行业展会，支持企业参加全国糖酒商品交易会、全国药品交易会、全国盐产品、制盐设备及包装新材料展览会等全国性展会。

（八）发挥行业协会优势助力转型发展

支持和依托行业组织在政策研究、科技联合攻关、质量品牌建设、行业诚信自律和国际合作交流等方面开展工作，助推各行业加快新旧动能转换步伐。组织医药、食品等行业协会参与"十四五"规划发展的制定工作，开展行业发展调研；支持医药运维工信部"中国医药统计网直报平台"山东直报系统，定期开展全省医药企业各类年报和定期报表的收集、整理、审核工作；支持盐业协会建立行业统计调度制度，为提升行业管理水平提供数据支撑。

第七章

中部地区

第一节　典型地区：山西省

一、运行情况

（一）增速保持合理区间

2019 年，在外部环境趋紧、环保约束强化的背景下，综合施策、趋利避害，实现了工业经济稳中向好，全省规上工业增加值同比增长 5.3%，消费品工业增加值同比增长 11.5%。其中，食品工业增加值同比增长 15.8%，医药工业增加值同比增长 3.4%，纺织工业增加值同比下降 3.9%，其他消费品工业增加值同比增长 8.2%。

（二）主营业务收入下降

全省规模以上消费品工业企业 488 家，2019 年累计完成主营业务收入 845 亿元，同比下降 6.1%。其中：轻工行业规模以上企业 353 家，累计完成主营业务收入 603.2 亿元，同比下降 1.6%；纺织行业规模以上企业 41 家，累计完成主营业务收入 38.1 亿元，同比下降 6.2%；医药行业规模以上企业 94 家，累计完成主营业务收入 203.7 亿元，同比增长 8.5%。

（三）利润总额增长明显

全省规模以上消费品工业企业利润总额 70.2 亿元，同比增长 13.4%。

其中：轻工行业规模以上企业实现利润总额 52.5 亿元，同比增长 30.6%；纺织行业规模以上企业实现利润总额 1.1 亿元，同比基本持平；医药行业规模以上企业实现利润总额 16.6 亿元，同比下降 9.8%。

二、发展经验

（一）推动重点转型项目建设

突出重点项目在促进产业转型升级中的牵引作用，强化项目支持和跟踪服务，推进项目投产达效。

一是强化重点项目监测调度，按照《山西省工业转型升级重大项目监测调度工作方案》的要求，定期做好与重点企业的联系沟通，及时将有关政策宣贯到基层、一线，做好项目监测调度，通过 96302 热线帮助协调解决项目问题。

二是发挥财政资金的撬动作用，组织企业申报国家重点研发计划项目，实施省重点研发计划、应用基础研究计划等项目，支持功能性食品、中医药等消费品工业"三品"技术研发、科技创新平台建设和产业化应用示范。

三是及时跟进重点项目建设情况，着力提升现代生物医药和特色轻工等中高端消费品供给能力，每月定期现场调研项目建设进度，了解项目实施中存在的问题，并强化问题协调解决，推动项目加快建设进度。

（二）推进质量安全提升工作

抓培训、搞试点、强支持，推进重点领域产品质量提升。

一是组织召开全省食品工业企业诚信管理体系国家标准暨婴幼儿配方乳粉质量安全追溯体系建设宣贯培训，宣贯食品工业企业诚信管理体系国家标准，推进省内食品工业企业诚信管理体系，进一步健全保障食品安全的长效机制。

二是推动白酒和婴幼儿配方乳粉可追溯体系建设，将省内白酒企业纳入全国白酒质量安全追溯体系建设第一批试点单位，推动省内婴幼儿配方乳粉生产企业接入全国食品工业企业质量安全追溯平台。

三是支持企业实施仿制药一致性评价，创新资金拨付方式，按照"事后奖励、事前拨付、递进奖励、未过收回"的原则，组织开展奖励资金申报组织工作。

（三）加大产业交流合作力度

不断加大产品宣介力度，拓展产业交流合作渠道，扩大产业合作交流范围。

一是完成赴韩现代医药产业专题推介活动，组织重点企业组团参加中国（山西）韩国投资贸易恳谈会、全罗南道"山西日"活动，开展专题推介、特色产品展示、重点产业调研，强化交流合作。

二是加强重点企业产品展示宣传，在山西工业转型成果展期间，消费品展区设置特色食品、现代医药、丝麻纺织、轻工制品、产业扶贫等五个展区，组织 23 家企业对 73 个门类 175 件重点产品进行了集中展示，帮助企业加大产品宣传力度。

三是组织开展对标行业一流活动，分别组织服装、塑料、陶瓷等重点行业企业赴江苏、上海、山东、浙江等省市，对接行业一流企业，促进企业间交流合作。

四是多渠道推动产业联盟建设，通过实地调研、平台搭建、集中考察等方式，推动重点企业组建产业联盟抱团发展，建成陶瓷产业技术创新战略联盟、中医药科技创新联盟、日用玻璃产业创新联盟等多个产业联盟。

三、启示与建议

（一）强化行业运行监测，加强产业政策引导

不断完善消费品工业经济运行监测体系，及时掌握行业运行情况和企业生产经营状况。加大运行趋势预测，及时发现和解决运行中存在的困难和问题，确保消费品工业经济运行平稳有序。系统总结消费品工业"十三五"规划工作成效，梳理问题症结，顺应产业发展趋势，研究谋划消费品工业发展路径和方向，促进分业施策。

（二）深化"三品"专项行动，优化企业营商环境

继续深化实施"三品"专项行动，推进"晋材晋品晋用"，推动省内资源就地转化、省内产品就地消费，不断提升消费品的有效供给能力和水平。继续深化"放管服效"改革，着力畅通融资渠道。持续加强市场监督力度，加大对商标、地理标志、知名商品等宣介和保护力度，严厉打击生产销售假冒伪劣商品等违法行为，不断净化市场环境。

（三）推进重点项目建设，深入实施技术改造

继续发挥财政资金的撬动、示范作用，优选一批科技含量高、示范效应强的重点项目，加大资金扶持力度。及时摸清梳理企业项目建设中存在的突出问题，强化协调服务，推动重点项目尽快投产达效。组织好消费品工业技改项目实施，突出消费品工业发展的含金量、含新量、含绿量。

（四）引导产业集聚发展，打造优势产业集群

以龙头带动、链式布局、研发支撑、园区承载为思路，通过政策引导、资金支持、招商引资等举措，引导新建和搬迁项目向集聚区布局。立足现有产业基础和优势，着力建链、补链、延链、强链，着力打造白酒、食醋、医药、日用陶瓷、日用玻璃等特色优势产业集群，形成区域产业协同、重点产业集聚、互为依托支撑的产业发展新格局。

第二节 典型地区：湖南省

一、运行情况

2019 年，湖南省大力推动消费品工业增品种、提品质、创品牌，培育壮大消费品产业集群，充分发挥消费对经济发展的促进作用，以供给提升来创造消费新增长点，努力推进高质量发展。1—12 月，消费品规模工业增加值同比增长 7.8%，其中医药、食品、轻工、纺织行业同比增长 8%、7.5%、7%、8%。

二、发展经验

（一）突出顶层设计，把好政策实施的精准度

出台《湖南消费品工业高质量发展三年行动计划（2019—2021 年）》，围绕"突出发展重点、促进消费升级、创新发展方式"，重点培育 12 个具有湖湘特色的消费品工业产业集群，努力实现全省消费品工业产品和服务对消费升级的适应能力显著增强，消费需求得到更大满足，消费品质得到更好保障，消费品牌得到更优提升，市场竞争秩序和消费环境明显改善。加强重点子行业的政策研究，召开全省加快白酒产业发展座谈会，进一步听取重点市州及湖南白酒骨干生产、经销企业意见。省政府办公厅印发《湖南省鼓励仿制药质量和疗效一致性评价工作政策措施》。

（二）适应消费需求，提高市场供给的准确度

支持企业丰富和细化产品种类，在消费品工业领域培育一批创新品种，不断增强市场供给能力。支持湖南茶业集团不断增强品种供给能力，开发适销新产品 60 多款，推出经销商（电商）定制产品 20 余款；唐人神集团设立上海（国际）食品研究院，大力研发新产品；"浏乡"炒米已占全国 80% 的炒米市场份额，成为全国炒米"冠军"；省内企业生产的挂面、四磨汤等产品在细分行业市场占有率已经稳居全国前三位。推进化学仿制药一致性评价工作，落实通过仿制药一致性评价、二类医疗器械创新产品等奖补资金。

（三）提升消费品质，保障产品质量的知名度

贯彻落实食品药品安全战略，开展食品药品特种设备安全风险隐患大排查大整治专项行动。推荐 2 家婴幼儿乳粉企业列入婴配乳粉追溯体系名单。组织 4 家食品企业开展诚信管理体系评价并全部取得评价证书，省内通过第三方机构诚信评价的企业达到 52 家。组织举办全省食品工业企业诚信管理体系国家标准宣贯培训班，105 家规模食品工业企业参加，通过引导企业贯彻落实诚信管理体系国家有关标准，不断推进社会信用体系建设。印发《2019 年度湖南省医药储备品种目录》和《2019

年度湖南省常态短缺药品储备品种目录》。督促省级食盐储备企业履行好省级食盐储备管理职责，建立管理有序、运转高效的储备体系。

（四）培育消费品牌，拓展湖湘品牌的知名度

引导企业增强品牌意识，提升产品附加值和软实力，塑造湖南产品品牌。大力振兴湘酒品牌，推动出台促进白酒产业加快发展的专项政策，着力建设 3 个白酒优势产区，打造全国性白酒品牌。持续推进纺织服装产业品牌建设，开展第四次全国纺织产业集群试点地区复查、2019 年纺织服装品牌建设调查。组织召开湖南省中药产业合作对接会，现场签约 15 份、协议金额超过 5 亿元。支持举办湖南省中医药与健康产业博览会、中国国际食品餐饮博览会，指导参加第三届"旭荣杯"全国最美校服设计大赛、2019 湖南服饰博览会暨芦淞服饰节、第 11 届湖南茶博会等行业展会。组织开展全省消费品工业"三品"战略实施工作经验现场交流，突出宁乡市、浏阳市等国家级"三品"示范城市典型示范作用。

（五）创新发展方式，提升行业发展的加速度

开展陶瓷、烟花、服装家纺等领域制造业与互联网融合创新试点示范，推进"互联网+"与消费品工业深度融合。醴陵市建立陶瓷行业集中采购平台，已整合全国各地陶瓷原材料供应商 300 余家入驻平台，不仅为中小企业降低原材料采购成本 15%左右，而且建立集中供应链体系，减少了原材料库存。以产业链思维改造传统产业集群、提升新兴优势产业集群，大力推进全省绿色生态食品、生物医药产业链建设。实施乡村振兴战略，打造生态绿色食品产业链，不断延伸产业链条，加强种植基地建设，支持企业创新销售模式大力开拓市场，积极向一、三产业拓展。

三、启示与建议

（一）引领消费模式升级

支持消费品工业企业先行先试，通过创新消费模式，引领产业发展趋势。引导服装、家具等行业开展个性化定制、柔性化生产，支持企业

借助互联网平台，与用户深度交互、广泛征集需求，运用大数据分析建立排产模型，依托柔性生产线，在保持规模经济性的同时为客户提供个性化的产品。

（二）积极适应消费需求

顺应居民消费升级趋势，大力发展具有湖南特色、时代特征的消费品。积极发展中高端山茶油、黑茶、日用陶瓷、烟花爆竹、服装鞋帽、箱包皮具等湖南特色消费品，并从中培育一批全国行业单项冠军产品。

（三）大力提升消费品质

大力实施食品药品安全战略，加强食品药品供给保障能力建设。组织全省食品企业诚信管理体系建设培训，引导和支持食品企业开展诚信管理体系评价，积极推进婴幼儿配方乳粉等重点产品追溯体系建设。推动仿制药质量和疗效一致性评价，全面提升仿制药质量水平。

（四）精心培育消费品牌

强化轻工、纺织、食品等行业品牌建设，不断提升湖湘消费品牌影响力。大力实施湘酒振兴战略，支持重塑湘酒品牌。推进"湘九味"中药材品种品牌培育，扩大湘药品牌影响力。持续跟踪培育服装家纺重点自主品牌，打造株洲新芦淞（白关）国际服饰创意园等区域品牌，推动老品牌焕发青春，新品牌锐意进取。举办中药产业对接会等对接活动，为打造湖湘品牌搭建好宣传推介平台。

第八章

西部地区

第一节　典型地区：云南省

一、运行情况

2019 年，云南省规模以上食品制造业增加值同比增长 9.3%，农副食品加工业增加值增长 6.2%，酒、饮料和精制茶制造业增加值增长 7.8%，医药工业增加值同比增长 4.9%，轻纺工业增加值同比增长 4.1%。服装、木材、造纸 3 个行业实现较快增长，工业增加值分别增长 11.3%、10.2%、7.4%；文教工美、橡塑制造业和印刷业制造业三个重点产业增速均有所回落，工业增加值同比仅分别增长 3.7%、0.2% 和 3.9%。

2019 年，云南省消费品主要工业产品产量实现快速增长，其中：白酒 1 万吨，同比增长 8.6%；成品糖 238.70 万吨，同比增长 1.4%；乳制品 63.2 万吨，同比下降 6.3%；化学药原药 3659.89 吨，同比下降 37.9%；纸浆 37.16 万吨，同比增长 23.1%；塑料制品 54.38 万吨，同比下降 1.9%；蚕丝 3309.48 吨，同比下降 16.5%；服装 1304.88 万件，同比增长 26.7%；纱 1.67 万吨，同比下降 17.8%。

二、发展经验

（一）政策引领发展环境不断优化

云南省工信厅 2019 年 4 月印发《云南省工业和信息化厅关于印发

云南省支持橡胶产业发展实施方案的通知》（云工信消费〔2019〕138号），以实施方案的贯彻落实突破引领，发挥云南天然橡胶原料优势，推进全省各类橡胶生产、加工、贸易企业发展，落实重大项目、重点工程，以现有橡胶龙头企业为重点，推动从种植到深加工的橡胶全产业链发展，培育橡胶产业集群。2019 年 7 月正式发布《云南省人民政府办公厅关于印发特色农产品等 9 个领域质量提升行动方案的通知》（云政办发〔2019〕63 号），推动消费品工业转方式、调结构、促升级，提升消费品工业发展质量和效益。2019 年 11 月 7 日以云南省人民政府名义印发实施《关于加快生物医药产业高质量发展的若干意见》，提出产业营业收入、10 亿元以上重点企业数"两个翻番"目标，着力推动生物技术药领先发展、现代中药转型发展、仿制药突破发展，培育壮大龙头企业和特色品种，打造以昆明为核心的生物医药产业聚集区。

（二）积极实施品牌建设工程

通过不断整合产业发展相关资源，全力推进品牌建设工作，特别是打造世界一流"绿色食品牌"工作。以云南特有的地方资源和民族文化为基础，按照云南省委、省政府全力打造世界一流绿色食品和健康生活目的地品牌的决策部署，大力推进"大产业+新主体+新平台"发展模式，围绕"创品牌、育龙头、抓有机、建平台、占市场、解难题"等方面开展工作，努力培育市场新主体，瞄准国际国内高端市场，做精特色、做大存量、做好增量、做优效益，积极打造突出云南特色的丰富多样、生态环保、安全优质、绿色健康的"云南名片"。2019 年，云南省消费品行业 4 家企业获得国家级绿色工厂认定，2 家企业获得省级绿色工厂认定，2 家企业获得国家工业设计奖。

（三）提品质促进产业健康发展

一是促进医药产业加快发展。落实《云南省人民政府关于推进中药饮片产业发展的若干意见》（云政发〔2018〕19 号），从固定资产投资、研发能力提升、企业市场拓展等方面，分 2 批组织中药饮片产业发展专项资金申报，对企业和科研单位进行支持。开展了中药饮片产业发展专项资金申报工作培训会。

二是积极推进盐业监管体制落地见效。明确了盐业行业管理，依法实施食盐专营监管职责，加强盐业行业监测分析，提出发展政策建议；引导食盐定点企业按照食盐标准和市场需求，抓好食盐生产供应销售。做好食盐政府储备管理工作，保障边远贫困、边疆民族地区食盐供应，向食盐定点企业下达政府储备及保障供应计划，建立食盐供应应急管理制度，宣传普及食盐安全及消费知识，引导消费者理性选择食盐产品，加强风险防控等方面的工作，保障专项保障资金管理规范。

三是积极促进纺织服装产业集聚发展。2019 年 3 月，调研全省 5 个重点纺织服装园区及 16 家纺织服装企业，形成了《云南省纺织服装产业调研报告》，提升云南省纺织服装产业发展质量和效益，加快产业转型升级。

四是做好电动自行车行业监管。加大国家标准执行力度，摸排调研 9 家生产企业，督促企业按照新标准改造升级生产线，推进国家新标准落实到位。通过联合有关部门协调推进工作，全省电动自行车市场平稳运行，新国标在全省顺利推广应用。

（四）加大重点项目建设力度

建立消费品项目产业转型升级项目库，建立重点项目专人负责制，加强跟踪协调服务，10 亿元以上项目每月向云南省重点产业领导小组报送进展情况。2019 年食品医药重点项目 125 个，总投资 250 亿元，消费品工业重点项目 20 个（亿元以上），总投资为 60 亿元。重点推进云南业勤服饰有限公司、浙江凯喜雅国际股份有限公司、云南协丰泰鞋业有限公司、上海东方纺控集团、雅戈尔瑞丽服装产业园、云锰浓缩乳胶、勐腊田野橡胶销售有限责任公司等重点项目加快建设，瑞丽市肉牛产业基地建设项目、通盈药业项目、神威药业项目顺利推进，2019 年引进今麦郎、蒙牛集团落户云南。

三、启示与建议

（一）承接产业转移、大力招商引资

围绕"建链""补链""强链"，瞄准国内一流消费品企业，实施产

业招商、以商招商、定点招商。云南省工信厅与云南省投资促进局在福建石狮召开云南省纺织服装产业投资环境说明会。会同普洱、红河、德宏等州市及园区，组成专门招商队伍，赴武汉、江苏等省区开展精准招商，赴广东和北京开展招商工作。促成江苏新东旭纺织印染有限公司年产 4 万吨纺织服装全产业链建设项目签约，促成北京东方淼森集团应邀赴滇考察调研，推进东方淼森与云南悦馨、柏妮兰生物、英格生物进行深入交流洽谈，加强在香精香料原料供给、检测中心建设、产业链延伸项目等方面加强合作。

（二）抓宣传推广，努力提升品牌知名度

组织企业参加中国轻工业联合会举办的首届中国工艺美术博览会。云南省剑川兴艺木雕、走夷方银器、鸿雁内画、祖玉兰刺绣、滇南陶韵等 50 家企业、近 1000 种产品参展，共设展位 51 个。云南参展企业和大师的作品风格独特、技艺精湛、创新性强，展览期间，受到了与会代表及采购商的热切关注，进行了广泛洽谈。云南展团现场有一定成交金额，并签订了订货及建筑工程协议和投资合作意向。云南参评作品 90 余件，"百鹤杯"获奖作品共 7 件。寸汉兴的九龙壶、寸彦同锦绣苍松竹兰格梅旅行茶具七套等 7 件作品获"百鹤奖"，董春玉的玉雕作品《梦》获得中国玉器百花奖铜奖。通过展出活动，加强了对云南省工艺美术行业名企、名人、名品的宣传和推广，提升了云南工艺美术品的知名度和影响力。

（三）抓评比表彰，全力打造"绿色食品牌"

修订完善《云南省绿色食品"10 强企业""20 佳创新企业"评选管理办法》。经企业自主申报、州市审核、专家评审、公开公示，成功评选出 2019 年"10 强企业""20 佳创新企业"。组织召开"生态彩云南、绿色食品牌"表彰大会，云南省委、省政府主要领导出席表彰大会并为企业颁奖。云南省工信厅联合云南省农业农村厅举办了专场新闻发布会，对外发布评选结果。云南电视台录播《云南：创品牌、育龙头，打造世界一流"绿色食品牌"》节目顺利播出，获得社会各界广泛关注。组织开展全省工信系统食品安全宣传周活动和国家食品工业诚信体系

建设培训班，食品安全工作考核获得优秀等级。

（四）实施一系列培育工程，提升了产业发展基础能力

一是开展工业百强评选活动、民营百强评选活动、成长型企业培育工程、小巨人企业培育工程等，培育了一批具有较强竞争力和创新能力、高成长型和示范带头作用的骨干企业，进一步推动了全省重点产业核心竞争力和产业转型升级，以点带面，引导和带动全省民营企业快速成长。

二是开展增品种类示范项目、提品质类示范项目、创品牌类示范项目培育工程，每年围绕增品种、提品质、创品牌，组织实施一批品种结构调整好、品质提升优、品牌培育强的示范项目，加大对示范项目的支持力度，提升云南制造品种创新力、品质提升力和品牌竞争力，实现云南工业迈向中高端。

三是实施人才培育工程，弘扬工匠精神，强化高层次工业人才队伍建设，营造鼓励优秀人才创业创新创优的良好环境。

第二节　典型地区：青海省

一、运行情况

2019 年，青海省工业增加值达到 817.5 亿元，按可比价格计算比上年增长 6.9%。规模以上工业增加值同比增长 7.0%，高技术制造业增加值增长 32.2%。规模以上食品制造业增加值同比下降 12.3%，农副食品加工业增加值增长 6.0%，酒、饮料和精制茶制造业增加值增长 14.8%，医药制造业增加值增长 12.5%，纺织、服装服饰、文教工美等产业增速均有所回落。

2019 年，青海省消费品主要工业产品产量实现快速增长，其中：原盐 278.73 万吨，同比增长 6.1%；饮料酒 4.14 万千升，同比增长 14.2%；乳制品 9.05 万吨，同比下降 10.2%；中成药 2034 吨，同比增长 59.4%。

二、发展经验

（一）推动创新平台建设

组织开展 2019 年度省级企业技术中心认定工作，认定 1 家省级消

费品工业企业技术中心。截至目前，全省省级以上消费品工业企业技术中心共计 14 家。滚动实施百项企业技术创新项目，支持和引导企业加大关键核心技术研发力度，不断增强企业自主创新能力。2019 年，26 个消费品工业企业项目列入省级百项企业技术创新项目，"青藏高原特色生物资源与中藏药产业集群"被列入科技部"国家创新产业集群试点"。推动创新要素加快集聚，全省首个国家重点实验室"三江源生态与高原农牧业国家重点实验室"、首个由企业自建的"藏药新药开发国家重点实验室"投入运行。

（二）推进新产品开发

截至 2019 年年底，"青藏高原沙棘开发国家地方联合工程实验室"已完成地方特色浆果资源的梯度研发，新增终端产品 73 个。"青藏高原冬虫夏草培育及开发国家地方联合工程实验室"完成冬虫夏草菌粉母液副产品开发。"藏药制剂国家地方联合工程实验室"完成传统藏药产品的升级改造和二次开发，已开发 40 多个保健食品，33 个 QS 产品。青海湖药业青岛甘草生物工程研究中心突破甘草活性成分单体分离纯化等关键工艺技术，研究开发出甘草定、甘草查尔酮 A、甘草甜素等一批技术含量高、附加值高、市场竞争力强的新产品。

（三）强化质量提品质

围绕"共创中国质量，建设质量强国"活动主题，组织开展"质量月"宣传活动，开展宣传活动 80 余次，参加群众 3 万余人。印发了《青海省食品安全标准跟踪评价实施方案》，委托第三方组织开展了食品安全国家标准跟踪评价指标验证工作，备案并公布食品安全企业标准 328 项。开展食品相关产品获证企业专项监督检查工作，提高生产经营者的食品安全意识，进一步规范加工行为，有效遏制制售假冒伪劣和无证生产的违法活动。全面提升农牧产品加工品质。截至 2019 年年末，全省市（州）级以上农牧产业化龙头企业共 553 家，其中，国家级农业产业化龙头企业 22 家、省级农牧业产业化龙头企业 125 家。开展省级农牧业产业化联合体认定工作，认定青海威思顿马铃薯产业化联合体等 10 家联合体为青海省第二批省级农牧业产业化联合体。截至目前，省级农牧业产业化联合体已达到 20 家，联合带动各类新型经营主体 251 家。

（四）提升影响创品牌

结合绿色有机农畜产品示范省创建工作，着力完善和强化地理标志农产品保护。已登记保护地理标志农产品 64 个，地理标志证明商标 36 个，柴达木枸杞、乐都大樱桃等 7 个地理标志农产品品牌评估价值 108.6 亿元。大力发展"青海牦牛"公用品牌，提升品牌整体档次，提高市场竞争力。于 2019 年 12 月 7 日，在北京人民大会堂举行"青海牦牛"公用品牌发布会，确立了青海牦牛的国际身份。推动青绣"八个一工程"实施，确定湟中马莲花民间工艺文化传承有限公司等 6 家企业为首批省级青绣扶贫就业工坊。截至目前，青海省共计 8 家非遗扶贫就业工坊，包括 2 家国家级非遗扶贫就业工坊和 6 家省级青绣扶贫就业工坊，带动就业 2449 人。组织 37 家品牌企业赴莫斯科参加了第 28 届俄罗斯国际食品展，紧紧围绕"大美青海，生态品牌"主题进行品牌推介，开展交流合作，6 家企业签署了合作协议，合同金额达 7300 万元人民币。

三、启示与建议

（一）强化技术升级，增加产品品种

推进企业技术改造，通过项目支持，不断加大对现有传统产业生产设备和工艺的升级改造。青海琦鹰汉藏生物制药股份有限公司"中藏药综合制剂车间及配套设施升级改造项目"等 107 个消费品工业项目累计获得工业转型升级项目、省级中小企业发展等专项资金 6181 万元。2019 年，26 个消费品工业企业项目列入省级百项企业技术创新项目。青藏高原沙棘开发国家地方联合工程实验室、青藏高原冬虫夏草培育及开发国家地方联合工程实验室、藏药制剂国家地方联合工程实验室等研究机构已开发 100 多个重要的新产品，青海湖药业等企业突破了一批关键工艺技术，研究了一批技术含量高、附加值高、市场竞争力强的新产品。

（二）加强品牌培育，提高竞争实力

一是指导企业开展中国驰名商标认定工作。选择具有青海高原特

色、发展前景广阔、规模大、效益好、知名度高的商标，作为认定驰名商标的培育对象。2019 年，青海天地人缘文化旅游发展有限公司的"天地人缘"观光旅游商标被国家知识产权局商标局认定为中国驰名商标。截至目前，省级驰名商标已达 48 件。

二是扎实开展商标培育工作。从强化商标品牌培育、强化商标品牌推介、强化商标品牌宣传、强化商标品牌运用、强化商标品牌专用权保护、强化商标基础工作等六个方面入手，2019 年，全省注册商标 8016 件，同比增长 35%，其中，工业品类商标成功注册 608 件。

（三）落实政策措施，优化营商环境

深入落实国家和青海省出台的惠企政策，引导企业创新生产经营模式，提升企业内部管理和控制生产成本。积极发挥工业转型升级、中小企业发展等专项资金引导作用，加大对消费品工业发展支持力度，推动实施了一批技术升级改造项目。不断完善和深化民营和小微企业金融服务，创新信贷产品，支持消费品工业健康发展。

三品战略篇

第九章

典型地区三品战略研究

第一节　界首市

消费品工业是安徽界首市工业经济的主要产业。近年来，界首市认真贯彻落实十九大精神，以"双千双百、四区同创"为目标，以休闲产业、营养健康、纺织服装等行业为重点，坚持"两新"产业培育壮大与传统产业升级改造并重，推动界首市消费品工业高质量发展，发展成果显著。

一、基本情况

2018年，界首市消费品工业增加值增速13.9%，主营业务收入296.3亿元（其中，出口额7.2亿元），实现利润总额11.5亿元。

（一）科技创新能力突出

聚集了一大批行业创新载体，截至2018年年底，界首市拥有相关国家高新技术企业80家、国家创新型企业1家、省科技型企业67家、省创新型企业32家。建设省级重点实验室1个、省级工程中心（实验室）7个、省级工程技术研发中心9个、省级企业技术中心27个、省级生产力促进中心3个、院士工作站8个、博士后工作站9个。

（二）品牌效应日益凸显

界首市拥有国家火炬界首高分子材料循环利用特色产业基地、国家动力电池循环利用高新技术产业化基地、国家新型工业化特色产业基地等重要载体，是著名的"全国钓具鱼饵之乡"，创建国家级绿色园区 1 个、绿色工厂 6 家、绿色产品 5 个、绿色供应链管理示范企业 1 家；获得国家"专精特新小巨人"称号企业 2 家；近三年新增省级新产品 92 个、省工业精品 88 个、创建国家驰名商标 1 个、省名牌产品 19 个、国家自主培育纺织品牌 1 个。

（三）平台支撑作用显著

确立"四区同创"的发展目标，围绕打造"双创高地、产业新城"，积极推进"一区四园两平台"的整合发展模式。大力推进高新区改革发展，建立高新区和产业园统分结合的管理体制，不断强化平台支撑作用，积极创建国家高新技术产业开发区、国家生态工业示范园区、国家新型工业化产业示范基地，打造安徽省战略性新兴产业集聚发展基地。其中，投资额达 28.3 亿元的高新区 PPP 项目，15 亿元的强旺营养健康产业园、12.6 亿元的华信生物医药产业园、7.8 亿元的三宝时尚家纺产业园正在有序推进。

二、三品战略

（一）增品种

1. 强化平台集聚，汇聚产业合力

打造医药健康产业园、银河军民融合皮具产业园、天能新能源产业园、服装创意产业园等四个"园中园"，集聚消费品工业上下游企业，深化产学研合作和政策支持作用，促进科技成果产业化。 同时，规划建设铅酸电池绿色高效综合回收、改性塑料管材百亿元产业园、智能装备制造"双创"产业园、功能性纺织新材料、配套商贸服务百亿元产业园等"十大"百亿元产业园，搭建消费品产业发展平台。

2. 加快产业创新，提升研发能力

（1）新材料产业

针对消费品工业先进制造、新能源汽车等需要，发展市场潜力巨大的新型工程塑料、功能高分子材料、新型包装材料等产品。如天鸿新材料，依托清华大学等科研院所，组建新材料产业技术研究院，促进新材料技术研发和产业化，荣获国家高新技术企业、安徽省创新型企业试点单位、省级企业技术中心、省"专精特新"企业等荣誉称号，并成功挂牌新三板，主要产品包括高阻隔膜、药品和食品包装膜等，年产值近 2 亿元。

（2）新能源产业

主抓光伏储能、新能源汽车、锌空电池、铅碳电池、锂电等新能源技术项目引进，建设新能源基地，促进新能源产业发展及在消费品领域的集成应用。支持南都华宇高储能快充铅碳电池开发，支持清华新方尊团队开展电动汽车有轨化移动充电技术及产品研发，支持天能集团组织锂电池新技术研发，加快铅酸电池的换代升级，促进锌空电池、铅碳电池产业的发展。

（3）生物医药产业

鼓励重点医药企业与高等院校、科研机构深度合作，运用细胞工程、发酵工程、酶解法等先进技术，对本地自产中药材进行深度研发，提升自主创新能力，重点包括安徽省华信生物药业股份有限公司"年产 10 吨霍山石斛体细胞胚"、上海华源制药安徽广生药业有限公司"年产 4000 吨中药饮片及年产 3500 吨中成药"、安徽仁之堂药业中药饮粒（速溶中药颗粒）、安徽益健堂中药饮片科技有限公司"年产 2 万包大颐生血散和 3 万包大颐消栓散"等项目。

（4）渔具产业

顺应产业科技含量提升和产品向上下游延伸的趋势，通过循环化发展，促进产品技术高端化、产品类型配套化、材料利用低碳化，进一步延长产业链、丰富价值链，提升品牌价值，形成具有界首特色的渔具相关产品产业链，其中，重点实施"渔具进出口休闲文化产业园项目。

3. 打造健康产业，提升延伸能力

致力于打造国内一流、国际知名的大健康产业集群，树立营养与健康产业区域品牌。充分发挥政府性投资的引导作用，吸引企业共同投资，建设营养与健康产业园，开发天然食品、营养食品、糖尿病保健等食品，加快研发中药饮片、传统中草药食疗药膳产品。依托强旺集团开发植物提取物、天然食品、营养食品，重点实施"营养与健康产业园、生物医药产业园项目"；依托安徽华信、芬格欣药业等公司开发功能性产品、酶化产品等营养健康产品和增强免疫力、抗衰老等保健产品、功能食品，重点实施"年产 800 吨利用生物技术提取中药有效成分制备的功能性产品生产项目"；依托安徽华信、立顿生物、现星保健等公司开发保健茶、保健酒等保健饮品；依托米乐食品、兆龙食品等公司开发高档糖果系列产品；华源广生、益健堂等公司开发中药饮片、传统中草药食疗药膳产品，重点实施"年产 5000 吨中药饮片项目"；鑫诺公司等企业开发生产医疗、保健、康复设备，重点实施"新型医疗器械生产项目"。

4. 优化纺织产业，聚焦设计能力

致力于将纺织服装产业打造成时尚创意产业集群，培育纺织服装地区品牌。开发互联网个性化定制平台。推进纺织服装产业品牌升级，打造一批在华东地区具有较大影响力的纺织服装品牌，大力推进时尚创意与纺织工业的融合，提高量化融合水平，促进智能控制技术在纺织、服装产业中的应用，突破印染整理技术瓶颈。支持研究开发生物纤维及下游高附加值产品；鼓励应用新纺纱技术，促进棉纺和毛纺、麻纺的结合；支持三宝线业加大高端床上用品生产；组织东锦服饰、蒙特普公司开展休闲服饰高端设计开发；加强南通、海宁等地服装产业招商工作，加快实施"服装纺织进出口产业园项目"，建设界首市皮具产业园，引进大型皮革皮具加工企业，引导企业向高档皮革面料和高档皮具、皮衣、制鞋、皮件、毛皮服装转型，打造成为中原地区皮具皮革加工基地。

（二）提品质

1. 推进自主创新，提升标准水平

进一步完善激励机制，促进企业技术创新，突破一批制约产业发展的核心技术，加强知识产权保护，以推进专利技术转化为标准，及时推进科技成果项目的工程化和产业化。鼓励和支持龙头企业建设国家级研发中心，引导加工企业开展技术创新，积极研发和应用新技术、新工艺、

新材料，以满足各领域质量提升的共性需求为导向，积极推动检验检测机构整合，围绕粮食机械、循环经济等优势产业，建设检验检测平台。全面实施标准化战略，加快建设以企业为主体、市场为导向、产学研结合的技术创新体系。支持粮食机械、循环再生等企业制定实施具有市场竞争力、高于国家标准的企业内控标准，积极参与国家标准、行业标准和地方标准制修订。近年来，规模以上工业企业主导产品采标率达到80%以上。

2. 强化综合管理，保障生产安全

定期开展先进质量管理知识培训，推行卓越绩效等管理办法，大力引进和培育一批质量科技人才，夯实企业质量升级基础。加强宏观质量管理，对企业实施分类监管，建立长效监管机制。对规模以上企业，推行首席质量官制度，提升企业战略管理水平。强化质量安全责任，建立政府统一领导、部门依法监管、企业落实责任、社会共同监督的质量安全工作机制，构建以市场准入、监督抽查、日常巡查、风险监控、缺陷召回和责任追究制度为核心的质量安全监管长效机制。坚持从源头抓质量，运用生产许可、注册备案等手段，严把市场准入关。扩大监督抽查覆盖面，突出服务业规范化、标准化建设。

3. 倡导质量诚信，弘扬质量文化

推进质量信用信息大平台建设，建立质量诚信体系，完善企业质量信用档案，开展企业质量信用等级评价，实施质量信用分级分类监管。建立质量守信激励和惩戒机制，把质量不良记录与企业资质认定、星级评定、评奖评优、市场准入挂钩，对质量信用等级较高的企业给予扶持。建立健全质量信用"黑名单"制度，严厉惩处企业失信行为。推动一批行业协会和重点企业建立质量诚信报告制度，广泛开展质量教育培训，开展质量攻关活动，加大对质量违法案件的曝光力度，形成自觉抵制违法生产经营行为的社会风气。

（三）创品牌

1. 全力推进品牌培育工作

落实商标注册建议、商标策略提升、商标轻微违法警示和重点企业联系"四项服务"制度，对不同类型、发展阶段的企业进行分类指导。

依法申报驰名、著名、知名商标和中国名牌、安徽名牌、阜阳名牌产品，形成品牌梯级培育和认定机制，不断壮大全市品牌群体，努力打造一批竞争力强、附加值高、美誉度好的知名品牌；以循环经济产业链为重点，以中皖华鑫、枫慧金属、东锦、福斯特、恒运等著名商标和知名商标为依托，建设安徽省循环经济（界首）专业商标品牌基地。

2. 扎实推进产品品牌建设

针对"大黄竹编"等制定申请注册地理标志商标规划，指导成立专业协会，制定商标使用管理规则，积极为地理标志品牌走出去搭建平台，引导企业参加品牌推介会、博览会、进入电商平台，努力增强地理标志品牌效应，提高地理标志商标产品的公众认同度、知名度。

3. 做好品牌建设基础工作

鼓励引导各类市场主体发展商标，积极注册商品商标、服务商标等类型商标，努力实现全市注册商标增量扩容，为品牌建设奠定基础。积极引导企业推行先进的质量管理方法，以及ISO9001等质量管理体系认证，建立健全标准、计量和质量管理三大体系。加快推广采用高新技术，引进国内外先进生产线，鼓励自主创新发展适用技术，加快改造提升传统优势产业，提高产品档次和竞争力，进一步扩大品牌培育范围。

4. 加快品牌国际化发展

支持骨干出口企业品牌国际化建设，加快自主品牌商品和服务向海外市场拓展，提升界首品牌的国际影响力。引导和鼓励东锦科技、强旺集团、福斯特渔具等企业在国际贸易中使用自主商标品牌，逐步提高自主商标商品和服务出口比例。加强马德里国际商标注册的培训和指导工作，帮助企业积极应对海外商标纠纷，保护我市企业在国外的合法商标权益。

5. 加强商标品牌保护运用

（1）保护注册商标专用权。以驰名商标、著名商标为重点，将商标保护专项整治和日常监管相结合，集中打击严重侵权、群体性侵权以及大规模假冒等商标侵权行为。规范商标印制行为，积极落实商标印制管理责任制度。探索在网络等新兴市场中建立有效的商标维权保护制度。加强商标主管部门与司法机关协作，按照"两法衔接"工作机制，严格执行对涉嫌商标犯罪案件移送司法机关程序，有效打击和遏制侵犯注册商标专用权犯罪行为。指导企业依法规范使用商标，提升企业商标自律意识，有效减少商标权利人之间的权利纠纷和诉讼，依法保护利用商标合法经营行为。

（2）增强企业商标品牌运用意识。将实施商标品牌战略纳入企业发展总体战略，贯穿于企业生产、营销、服务、品牌形象设计推广、投资、融资等全过程。积极指导企业加强商标注册后续管理，提高商标运用率，着力改变"重注册、轻应用"现象。引导有条件企业建立商标品牌管理机构，提升商标品牌创造、运用和保护的自我管理能力。以商标质押贷款为商标品牌运用重点，采取多种方式，推动商标质押融资工作取得新突破，帮助解决融资难题，助推实体经济发展。

（四）优环境

1. 重点营造健康良好市场环境

全面推行政府权力清单、责任清单制度，建立涉企收费和中介服务清单制度，取消不必要的审批、目录和不合理收费。探索建立产业准入负面清单制度，实行资本非禁即入，清理和废除妨碍统一市场和公平竞争的规定和做法，加快形成统一开放、竞争有序的现代市场体系。在企业升级、龙头企业培育、小微企业成长、创新创造、人才培育、企业家队伍建设等方面加强帮办帮扶，促使企业快投产、快竣工、快达产。在加强市场监管方面，全面推行"双随机一公开"监管方式，加强事中事后监管；推动建立消费品企业"黑名单"、惩罚性巨额赔偿等法律制度；开展打击生产和销售假冒伪劣消费品专项行动。

2. 依法严厉打击质量违法行为

开展"质检利剑""红盾质量维权"、中国制造海外形象维护"清风"等专项行动。开展以家用电器、儿童用品、汽车配件等重点领域质量维权行动，开展基础教育装备产品质量专项检查行动。加强食用植物油等重点领域市场监管，依法严厉打击非法添加、制假售假等犯罪行为。开展疫苗、药品、医疗器械专项整治，进行涉假重点区域和农村地区食品安全专项整治。

3. 加强重点领域质量安全监管

加快推进重要产品追溯体系建设，强化全过程质量安全管理与风险控制,推动建立商品质量惩罚性赔偿制度,加大学校食品安全督查力度,严查日用品领域产品质量违法行为。深入开展工程质量治理两年行动,强化对重点问题和大型食品企业的监管,切实抓好食品安全日常监管、专项整治和综合治理工作,开展进口食品"清源"行动。

第二节　赣州市南康区

赣州市南康区大力推进消费品工业发展,实施"设计引领、创新驱动、品牌带动"等发展理念,"各有特色,一园一业"日趋显现,初步形成了"1+4"产业集群发展格局,即1个家具千亿元产业集群和电子、服装、矿产品、战略新兴产业4个产业集群,消费品工业发展动能加速积蓄,发展活力持续迸发。

一、基本情况

2018年,赣州市南康区消费品工业增加值增速10.3%,主营业务收入264.1亿元(其中,出口额21.5亿元),实现利润总额19.5亿元。

家具、服装纺织、消费类电子是南康区消费品工业的三大支柱,其中,2018年,家具制造业主营业务收入占消费品工业总量的87.1%。

近年来,南康区消费品工业创意设计水平不断提高,中高端消费品供给能力逐渐增强,现拥有中国中部(赣州南康)家具研究开发院、国家家具产品质量监督检验中心、国家级研发机构、省级企业技术中心、省级工业设计中心等多类创新载体,数量位居同类城市前列。

二、三品战略

(一)增品种

1. 打造行业领军企业

力争培育20亿元级龙头企业3家,10亿元级骨干企业5家,亿元级小而精企业50家,采取省、市、区联动,"一企一策"精准施策,激发企业活力和创造力,做优存量、做大增量,推动消费品工业壮大规模。重点打造赣州德普特、爱康光电、汇明木业、团团圆家具、家有儿女家具、自由王国家具、维平创业等领军企业，树立行业标杆。同时，加大引进国内外知名大型家具、电子、服装品牌企业的力度，积极组织开展南康区家具、电子、服装等行业交流和学习活动，推动中小企业与德普特、汇明木业等领军企业联动，促进行业良性发展。

2. 建设研发设计平台

按照"政府支持、企业化管理、市场化运作"的运营模式，运用物联网、云计算、大数据等信息化关键应用技术，形成家具、电子信息、服装行业研发设计聚集区；引入国际国内设计研发顶尖力量，加快建设新型研发机构，创建南康工业（家具）设计中心、南康工业（电子）设计中心、国际高密度集成电子器件技术（中国赣州）研发中心、家居特色小镇、江西南康家具研究开发院、国家家具产品质量监督检验中心、服装创意研发生产中心、电子信息"智造谷"和光明创客空间等功能性服务平台，为企业提供从战略设计、产品设计到终端形象设计的全方位设计研发服务，逐步加大创意类消费品比重，推广"众包"等新型创意设计组织方式，引导金海家具、汇明木业、维平家具、千多多家具、团团圆圆家具等大型企业与国内一线设计团队建立业务合作关系，开展个性化定制和柔性化生产。

3. 推动建设一批产业共性技术研发基地

依托行业领军企业，整合创新资源，打造南康区消费品工业创新基地，完善研发设计服务体系。积极扶持企业建设工程技术研究中心，建立设计师和研发人员资料库、技术与管理专家资料库。组织开展设计大赛、设计师与企业对接交流活动；结合南康家具博览会、工业设计大赛等平台，邀请相关人员参加设计沙龙，定期举办活动，开发具体项目。

4. 加强消费品工业产品设计能力

推动相关企业建立共享设计中心，鼓励企业和自由职业设计师成立品牌设计师工作室，组织成立设计师协会，促进南康家具、电子信息、服装产业联动发展，提升中小企业整体发展水平。推动家具、服装产业创意设计发展，组织品牌设计师工作室、龙头企业设计部打造设计师冠名品牌。

5. 智能消费品跃升行动

（1）适应多元化消费升级的需求

发展高档实木家具、绿色服装面料、地方名优食品、多功能时尚节能灯饰等中高端消费品。不断引导家具企业调整产品结构，大力发展皮质、布质、铁质、石质、藤质材料的家具产品，提高板式家具产品的比例，减少对木材的依赖性，实现多元化发展。

（2）加快研发创新应用

推广运用新材料（高硬度碳化新型木材等）、新设备（智能标准车间、机器人等）、新工艺（水性漆喷涂等）、新标准（推广行业标准和南康家具团体标准），打造家具生产"机械化、智能化、定制化"的标准化样板车间，通过示范带动，扶持引导家具企业采用数控机床和智能化设备，推动南康家具向"南康家居"延伸，由"南康制造"迈向"南康智造"。

（3）建立消费品行业创意设计协同创新联盟

依托"康居网"等行业性服务平台，提升家具、服装服饰、消费类电子、食品等消费产品研发创新、创意设计、市场开发水平；完善服务功能，为全市中小型消费品企业提供创意设计领域的信息发布、产品研发设计、交流合作、产品交易、金融支持等服务；支持发展互联网专业平台，通过众创众包等模式，发挥智力和设计资源优势，拓展专业化创意设计的深耕服务；通过家具博览会和展销会等活动平台，开展创意设计成果展示交易和人才培育交流；支持消费品工业集聚区培育一批集创意设计、展示体验、电子商务等功能于一体的市级设计体验中心。

（4）加快移动互联网、大数据、云计算、物联网等与产业发展深度融合

加快培育新动能、改造提升传统动能，鼓励企业引进先进技术设备，推广使用工业机器人、高档数控机床、3D 打印设备、智能传感器等智能制造装备，加快传统产业技术创新。重点支持航天云网发挥智能制造领域的优势，打造消费品生产企业的标准化样板车间，召开消费品产业智能制造现场会，在消费品工业企业中大力推广。

6. 培育地方名优食品

依托南康区在绿色食品领域的创新优势，支持千秋食品、友家食品、东坚米业和润田饮品等代表的龙头企业，充分利用南瓜、冬瓜、酸枣、辣椒等绿色有机农产品和甜柚、脐橙、桑葚、柑橘等果蔬资源，结合现代食品加工技术，大力开发具有地方特色的工业化绿色休闲食品及饮料。

（二）提品质

1. 加强质量管理体系建设

以创建"国家级家具产品质量提升示范区"为平台，大力实施"质量提升行动"，实施"标准引领"工程，指导南康家具协会开展"对标达标提升专项行动"，组织实施全国家具行业首个团体标准《实木单层床》及《实木餐桌餐椅》制定，为家具企业"走出去"提供保障；开展质量状况大调查和中小企业调研；省家具质检中心、南康区家促局开展家具行业对标达标提升专项行动；鼓励企业开展产品标准和服务标准的自我声明公开，指导企业争创"标准化良好行为企业"；依托国家家具产品质量监督检验中心（江西），建设质量检测平台，提供家具生产过程监控检验、环保检测等服务，提升南康家具产品的质量档次。推广使用赣州市南康家具研究开发院开发的家具质量芯片和物联网标识，建立从木材进料、加工生产和销售使用全环节、全过程的质量认证体系，提升南康家具产品质量和品牌价值，全面推进优惠原产地签发，力争全区符合条件家具出口产品签发覆盖率达 100%。同时，在食品药品领域全面推进追溯和诚信体系建设。

2. 开展标准化体系建设工作

（1）推行规范化标准化生产，加快企业环保转型

健全和完善标准体系建设，建立完善的标准信息服务平台，要求消费品工业企业严格执行国家强制性标准，鼓励企业积极采用国内推荐性标准、国际标准和国外先进标准组织生产，不断提升产品质量。突出健康、环保产业特色，积极制定高于国家相关标准的地方标准，形成统一的技术和产品标准并指导生产。鼓励企业积极争创"标准化良好行为企业"和"标准创新特别贡献奖"，在园区内争创国家级标准化示范区，有力提升南康区消费品产业标准化水平。

（2）依托平台作用，促进企业生产提升

通过建设标准厂房，引导企业入园入区入标准厂房，推行标准化管理、规范化生产、合法化经营，实现安全生产从末端治理向源头治理转变、从治标向治本转变，实现企业拎包入住、轻装上阵，大大缩短建设周期，有效节约土地，解决企业用"短期贷款"解决厂房建设长期投入的矛盾，缓解企业投资压力降低企业经营成本，同时，规范企业纳税、消防监管等。

3. 推行先进质量管理方法

建立健全质量管理体系，支持和引导企业通过质量管理体系、职业健康安全管理体系、环境管理体系等相关认证认定，鼓励企业贯彻实施《卓越绩效评价准则》。广泛开展质量改进、质量攻关、质量比对、质量成本控制、质量管理小组等活动，并形成激励机制，支持企业积极申请国家中小企业发展专项资金。鼓励企业积极开展争创质量管理先进班组和质量标兵活动，引导企业对标国际标准，参照国际先进标准开展生产。

4. 优化检测认证体系

建立和完善计量监督管理机制，积极开展能源计量活动，促进企业节能降耗。鼓励重点企业按照 ISO 10012 标准建立测量管理体系。加快研发检测平台建设，建立科学完善的第三方检验检测体系。支持有条件的企业建立技术研发中心。

5. 实施智能化技术改造

加快新一代信息技术在消费品工业中的应用，推动生产方式向精细化、绿色化、数字化转变，支持汇明集团引进世界第三条、全国第一条对废旧家具直接回收循环利用的生产线，建成了全省第一个家具生产无人智能化车间。推广应用产品全生命周期绿色管理理念，发展生产服务型制造模式；支持纺织服装企业应用服装智能制造系统，推动数字化服装机械设备的应用，发展柔性化定制生产线及参观旅游，打造数字化工厂。支持消费类电子产品生产企业应用物理仿真、人机交互、工业传感等先进技术。引导家具等轻工制造企业建立开放式设计与交互平台。

6. 建设优质原料供应平台

依托南康区绿色食品产业基础较好等优势，推进区域化、规范化食品优质原料基地建设，推动一二三产业融合发展，完善食品工业的产业链，改变食品生产与农业之间处于简单初级供给阶段的相互联系。依托赣州国际陆港，推动木材交易中心、红木交易市场、布料交易市场、电子配件供应集散中心等专业化原料（配件）保供平台建设。

（三）创品牌

1. 构建品牌服务体系，提高品牌运营能力

加强品牌管理及评价标准体系建设，发展品牌培育和运营服务机构建设，培育有影响力的消费品品牌设计创意中心和广告服务机构，开展区级政府质量奖活动，鼓励企业参加博览会、展销会等重大品牌活动。采取市场化运作模式，推动建设南康区消费品品牌战略研究院，面向消费品工业企业提供品牌资产建设、设计、媒介推广等全方面服务。组织筹办中国（赣州）家具博览会和秋季展销会，促进家具与服装、电子、食品等消费品行业融合发展，打造展示南康区消费品优质产品、品牌的城市名片。创建"家具创意设计大赛"和"木匠工艺大赛"。贯彻落实"三品"战略，开展品牌建设领域人才培训。支持企业以参股、换股、并购等形式与国际品牌企业合作，提高品牌国际化运营能力。

2. 构建品牌管理体系，提升品牌竞争力

引导支持家具、服装、食品、消费类电子等制造企业与阿里巴巴、京东、康居等互联网平台开展合作，拓宽跨境、社区、新媒体等营销渠道，丰富线上、线下联动模式。支持行业企业利用国际国内两种资源、两个市场，举办和参加各类国际性、全国性、专业性展览展销，提高品牌产品出口比重和全国市场份额，打造区域品牌。积极扩大南康区消费品品牌市内外影响力，支持企业参加"南康造、全球销"活动。

3. 培育龙头企业，形成品牌高地

积极鼓励本土企业扩大规模，开展企业兼并重组活动，促进"强强联合"或"互补联合"，培育大型"航空母舰"企业，推进企业战略重组，支持汇明木业、团团圆、千秋食品等关联性大、带动性强的龙头与骨干企业做大做强，在消费品产业中形成辐射、示范、信息扩散和销售网络的品牌效应。筹备充分利用产业转移机遇，引进 2～3 家国内排名前十的品牌企业。依"港"而兴，打造"双向开放"新高地。助推赣州国际陆港成功获批成为全国内陆第八个国家一类对外永久开放临时口岸和首个中国内陆口岸（江西）国检监管试验区，开通至成都、海口的内贸专列和至深圳盐田等多个铁海联运外贸专列，促进赣州国际陆港成为木材、家具等货物区域性集散地，成功对接"21 世纪海上丝绸之路"

和"丝绸之路经济带"。

4．创建区域特色品牌，扩大特色品牌影响力

充分发挥企业创建品牌的主体作用，通过自创品牌、合作创品牌、收购知名品牌等多种途径加强品牌创建。支持申报中国驰名商标、江西省名牌产品、地理标志保护产品，支持加工贸易型企业创立自主品牌，鼓励具有潜力的中小微企业发展自主品牌，提出重点培育的优势品牌目录。充分利用具有文化底蕴和地域特色的产品优先打造南康区特色消费品品牌，突出文化创意、质量功能、时尚美观等品牌特性。提高消费品标准化程度，规范品牌评价程序，完善"江西省名牌产品"推选机制。

（四）优环境

1．进一步简政放权

进一步优化办事流程，提高工作效率，实施分类管理，推动现场办结及承诺件"一口受理、内部流转、协同办理、综合审批、限时办结、通知取件（或快递送件）"工作机制运行，缩短至 5 个工作日内办结。探索先办理后核查的"告知承诺制"工作模式。围绕"能简则简"的目标，大力清理调整一批行政审批、投资项目前置审批、资质资格许可认定等事项。严格执行"六个清单"，通过网站、报纸、广播电视、办事窗口等媒介全面推进"六单"公开，建立清单动态调整公开机制与清单评估清理机制，定期开展督查，真正发挥清单效力。

2．优化商务环境

大力推进技术研发、金融保险、电商平台、物流储运等产业链配套环节建设，促进多产业集群融合发展。大力发展各类线上服务平台，为南康区消费品工业提供全方位、综合性、封闭性的"一站式"服务大平台，助推消费品工业"三品"战略持续发展。

3．优化产业共生生态环境

协调南康区域内家具、电子、服装、食品产业合作，共同发展。政府应鼓励企业之间在资源、信息、人才、技术等方面全面合作，建立共享制度，优化南康区消费品工业总体资源配置，形成良性发展的产业生态圈。同时，进一步协调区域内其他产业协同发展，能优化区域内各产业发展环境，提高信息化水平，降低总交易成本。尽快实现和优化产业

共生生态环境，形成产业内协同共生、区域协同共生的良性生态环境。

4. 加强市场监管

推行"双随机、一公开"监管方式，加强事中事后监管。严厉打击生产销售假冒伪劣商品等违法行为。强化消费品质量安全风险监测，完善监测管理制度，加大线上线下质量监督抽查力度，开展打击生产销售假冒伪劣消费品的专项行动。

5. 推动诚信建设

大力推广企业诚信体系建设，建立企业诚信档案，依托全国企业质量信用档案数据库，完善全区企业质量信用档案和产品质量信息记录，实现信息互通与共享。鼓励家具、电子、服装、食品企业编写和发布《质量和信用报告》，组织企业开展诚信主题活动，积极践行社会责任，建设消费品工业领域"守信联合奖励、失信联合惩戒"工作机制。

第三节　高密市

消费品工业是高密市传统优势产业和重要支柱产业，形成了纺织服装、安全防护用品、食品、木器加工等多个产业集群。近年来，高密市深入贯彻实施"三品"战略，着力提高消费品的有效供给能力和水平，推动供给侧结构性改革，加快新旧动能转换，全市消费品工业高质量发展取得显著成效，消费品市场保持平稳运行，消费规模稳步攀升。

一、基本情况

2018 年，高密市消费品工业增加值增速 9.0%，实现主营业务收入 463.6 亿元（其中，出口额 75.5 亿元），实现利润总额 20.3 亿元。

科技创新实力突出。消费品占工业比重 62.5%以上，细分领域技术创新、新产品开发供给能力等居全国先进水平。拥有省级以上企业技术中心 7 个、两化融合管理体系贯标试点企业 3 家、制造业单项冠军企业 2 家，连续举办两届全国家纺（印染）产业技术发展大会。

主导企业实力强劲。纺织服装产业龙头骨干企业主要有孚日集团、银鹰化纤、大昌纺织、天福家纺、鲁源纺织、利华纺织、富源印染、众和服装、真又美制衣等。其中，孚日集团是全球生产规模最大的家用纺织品公司、中国家纺行业第一家整体上市企业。安全防护用品产业已培育出星宇手套、登升安防科技、海宇股份、凤墩皮革制品、奥龙鞋业等一批行业龙头企业，其中，星宇手套是中国最大浸渍手套生产商和外贸供应商，海宇股份是军队及武警部队、公安部、中国民航、中国石油等单位的核心供应商。

品牌发展效果显著。先后荣获山东省十大工业产业集群、山东省纺织服装产业基地、山东省新型工业化产业示范基地、中国家纺名城、中国鞋业生产基地、中国安全防护用品产业名城等荣誉称号，区域品牌建设取得显著成效。主要产品质量及信誉度高，劳保鞋网上交易量全国领先，市经济开发区被阿里研究院授予"中国淘宝镇"称号。

二、三品战略

（一）增品种

1. 发力设计创新

引导企业加强技术创新体系建设，自建或共建研发机构，重点支持省级以上企业技术中心、工程（技术）研究中心、工程实验室等建设，加快工业设计与制造深度融合。依托纺织服装、安防用品等优势特色产业集群，发挥武汉纺织大学高密研究院、孚日集团质量检测中心、海宇股份 SATRA 国际检测中心等平台机构的作用，进一步建设成果孵化、计量检测、技术标准、可靠性实验验证等服务平台。

2. 突出精品供给

提升"专精特新"企业和产品（技术）层级，推动企业围绕消费者的实际需求，开发功能化、绿色化、多元化消费品，研发适用性新技术。关注行业优势企业发展，培育一批生产技术处于国际国内同类产品领先水平的"单项冠军企业"。支持孚日集团、星宇手套、登升安防科技、海宇股份等企业开展高端时尚个性化消费类产品研发和产业化，满足高端个性消费需求。

3. 强化平台支撑

进一步放大中国鞋业生产基地、中国安全防护用品产业名城、中国家纺名城等品牌效应，支持举办全国家纺（印染）产业技术大会，广泛开展产业对接、双招双引和商业合作活动。组织企业积极参加广交会、中国中小企业博览会、中国劳动保护用品交易会等国际国内展会。推动中科智谷科技创业园、"中国淘宝镇" 1688 中国安防用品产业带等园区、平台建设与完善，打造创业创新平台。

（二）提品质

1. 提升产品品质层次

开展对标达标活动，鼓励消费品生产企业在科技创新、工艺装备、质量管理及节能减排等方面比对国内外先进标准，推动实现内外销产品"同线同标同质"。发挥孚日集团、星宇手套、登升安防科技、海宇股份等行业龙头企业的作用，支持企业参与制定和使用国家标准、行业标准，并制定和使用优于国家标准和行业标准。开展全面质量管理知识竞赛、品牌故事大赛活动，培育和弘扬工匠精神，推出一批质量管理小组和行业质量标杆企业。

2. 加强质量检验检测和认证工作

加快发展质量检验检测和认证服务，提高检测认证机构公信力。支持孚日集团、星宇手套、登升安防科技、海宇股份等重点消费品企业积极采用和参与制定国际质量检验检测标准，推动质量检验检测和认证结果与技术能力国际互认。发挥高密市检验检测中心作用，加快检验检测服务的品质提升和供给创新，指导食品企业加强质量安全检测能力建设。

3. 提升个性化定制水平

在纺织服装、安防用品、家具等行业推广个性化定制模式和解决方案。加快信息技术与产业融合发展，促进纺织服装、安防用品传统消费品行业的数字化改造，提升智能化水平，培育星宇手套、海宇股份等一批企业智能化生产。

（三）创品牌

1. 注重品牌培育

大力实施品牌培育和建设，鼓励银鹰化纤、星宇手套等重点企业建立自主品牌管理和商标推广体系，提升品牌价值。进一步加强对纺织服装、安防用品等区域品牌培育推广，打造一批特色精品和知名品牌，创建国家和省级知名品牌示范区和产业名城。

2．促进品牌营销

鼓励名牌产品、驰名商标企业提升品牌价值，积极参加央视"国家品牌计划"、工信部"品质中国"、省工信厅"好品山东"和"中国自主品牌博览会"等品牌营销活动。组织开展纺织服装创意设计试点园区（平台）申报工作，积极组织山东省工艺美术大师推荐工作。围绕创业创新，支持工艺美术大师建立"大师工作室"和"创意工坊"。

3．加强诚信建设

建立健全市场主体诚信档案，健全跨部门联动响应机制和失信惩戒机制，使违法失信企业"一处违法、处处受限"。严厉打击虚假违法广告和不实报道。

（四）优环境

1．完善政策环境

政府先后出台《关于强化产业集群服务工作的意见》《关于加快全市纺织服装产业转型跨越发展的意见》《关于加强重点工业产业集群协调服务的意见》等文件，指导消费品产业优化结构，成立纺织服装、安防用品、食品等产业集群咨询指导委员会，推动集群做大做强。

2．优化政务服务

进一步深化简政放权。深入推进"一次办好"改革，废除妨碍市场公平竞争的规定和做法；落实召回缺陷产品的相关规定；精准实施"一企一策"，解决企业实际生产中的突出困难。

第四节　项城市

项城市消费品工业基础良好，产业特色明显，形成了医药、纺织服装、食品、皮革等主导产业，这四大主导产业年收入均超过百亿元。近年来，以绿色、智能、技术为抓手，进一步壮大产业规模，打造特色产业集群，产业发展环境持续优化，企业活力得到进一步提升。

一、基本情况

2018 年，项城市消费品工业增加值增速 10.1%，实现主营业务收入 554.4 亿元（其中，出口额 3.9 亿元），实现利润总额 59.4 亿元。

（一）产业集群特色鲜明

形成了医药、纺织服装、食品、皮革四大百亿元级主导产业，其中，医药、服装产业被评为"河南省中小企业特色产业集群"，产业集聚区相继获得"国家级绿色园区""省二星级产业集聚区""周口最强产业集聚区"等称号。2015—2018 年，项城市连续被评为"周口市工业经济发展强县"。

（二）主导企业实力强劲

食品产业，形成了以莲花味精为龙头，以六月春面粉、汇远脱水蔬菜、金桂香素食为辅的产业链条；医药产业，乐普、康达、蓝天等 5 家企业均被认定为省级企业技术中心和高新技术企业；纺织服装和皮革产业，呈现规模化、品牌化、集群化趋势，近年来通过淘汰落后产能和工艺技改，产品档次和品质得到全面提升。

（三）创新能力持续提升

拥有消费品工业领域国家高新技术企业 12 家、省工程技术研究中心 10 个、省技术研发中心 1 个、省科技创新示范企业 5 家、质量标杆企业 1 家、省两化融合贯标企业 2 家、省中小企业公共服务示范企业 2 家、省智能车间 3 个、省绿色工厂 1 个。

（四）项目建设持续加快

近年来，项城市围绕其主导产业，以"三大改造"为抓手，围绕发展智能消费品工业，开展多项重点项目。例如，2018 年，新开总投资 110 亿元的十大工业项目，同时，大力实施"三大改造"，累计实施技术改造项目 41 个，投资额达 36 亿元。

（五）品牌战略加快发展

医药产业拥有国家中西药批准文号 276 个，主要产品驰名全国；服装加工业，培育了弘光棉纱、松鑫、元康、久玖、鑫莲花、东方丝路等一批本土品牌，引进和发展了庄吉、高威、梦乐罗等一批知名企业；皮革产业，博奥、峰华、奔马、华丰等重点企业均为行业知名品牌。重点培育服装家纺自主品牌企业 79 家。中国驰名商标 3 个，省级著名商标 17 个，省级名牌产品 18 个。

二、三品战略

（一）增品种

1. 加大政策扶持

加强政策引导和拉升作用，完善工业发展规划，相继出台《关于支持工业主导产业高质量发展的意见》等文件，为各消费品产业平稳健康发展提供有力支持，设立工业发展引导基金，拨付专项扶贫资金全力扶持服装产业发展。

2. 增强规模优势

以智能、绿色、技术改造为抓手，坚持以转型、提质、创新为目标，发展新技术、拓展新业态、打造新模式。更加注重引智与引资相结合，科技创新与产业升级相结合，自主培育和引进合作相结合，推动产业高质量发展。

（二）提品质

1. 夯实基础平台

加强生产要素供给和规划保障水平，产业集聚区新建标准化厂房 95 万平方米、绿化面积 100 余万平方米，建设配套变电站和污水处理设施。其中，项城港投入运营，为产业集聚区进一步快速发展奠定基础。

2. 解决企业突出问题

着力解决用工难问题，出台优惠政策，加强信息对接，促进外出打工人员积极返乡创业就业。破解企业融资难、成本高的难题，建立融投资中心，设立科技创新、产业发展等专项扶持资金，开展银企对接等多策并举。

（三）创品牌

1. 营造品牌培育生态

发挥全国"劳保之乡"品牌优势，发展"名、优、特"产品，引导和集聚了松仓服饰、梦尔罗等一批纺织服装知名企业入驻产业集聚区，各具特色，品牌多样，服装年加工能力近亿套。

2. 打造品牌产业集群

推进"一县一主业"集群发展计划，明确产业主攻方向，增强县域工业经济竞争力。例如，服装企业成功创建国家名优品牌 6 个，省优品牌 13 个，市级品牌 28 个，集群经济体量不断增大，品牌效应明显，企业效益逐年攀升。项城市新增成功申报省"专精特新"优质中小企业入库 4 家，申报高新技术企业 5 家，申报技术改造项目 7 个。

（四）优环境

1. 打造工业新城

努力实现集聚建设与城区发展建设资源共享、同频共振，打造宜居宜业的工业生态新城，更加注重规划引导，推动项目建设配套与生活配套并重、工业发展与生产服务并重。

2. 优化政务服务

进行重点行业动态监测，及时做好形势研判和指导服务。开展"千名干部帮千企"活动，积极开展为企业解忧脱困转型行动，通过"一企一策"助力企业破难脱困、稳产增效。打造方便快捷的政务环境、风正气正的法治环境。

第五节　浏阳市

浏阳市地处湘赣边界区域中心地带，是长沙东部经济走廊的主阵地，消费品工业占全市工业产值 75% 以上，以湖南省重点建设"3+3"消费品工业产业集群为机遇，立足浏阳特色优势产业，以转型升级为主线，以产业链建设为重点，大力实施"三品"专项行动，构建更具核心竞争力的现代产业体系。

一、基本情况

2018 年，浏阳市消费品工业增加值增速 10.8%，实现主营业务收入 2170.8 亿元（其中，出口额 263.2 亿元），实现利润总额 91.6 亿元。

（一）主要企业实力强劲

浏阳市拥有规模以上消费品工业企业 808 家，汇聚了蓝思科技、尔康制药、九典制药、盐津铺子、湖南一朵、东信烟花、庆泰烟花、颐和隆烟花、中洲烟花等国内外知名企业。2018 年，浏阳市重点工业产品监督抽查合格率达 97%以上；食品检测合格率达 99.8%，基本药物、医疗器械抽检合格率达 99.63%。

（二）品牌创建效果显著

截至 2018 年年底，浏阳市消费品工业拥有有效注册商标 12856 个，其中马德里国际商标 33 个、国家驰名商标 19 个、湖南省著名商标 43 个、地理标志（证明）商标 6 个，拥有"湖南名牌"产品 29 个，马德里国际商标总量位居全省前列，为"中国商标发展百强县"之一，获批湖南省实施商标战略示范县。拥有省级以上工业品牌培育示范企业 1 家，省级以上智能制造示范项目 9 个，位居全省前列。

（三）示范基地引领发展

拥有众多实力强劲的产业基地，其中，浏阳经济开发区是国家级生物产业基地、国家创新药物孵化基地，2016 年，获批国家新型工业化产业示范基地（电子信息）和长江经济带国家级转型升级示范开发区；浏阳高新区相继获批创建中国产学研合作创新示范基地、国家再制造产业示范基地，是湖南省首家全国首批绿色产业园区。

二、三品战略

（一）增品种

1. 突出招商引资

瞄准世界 500 强、国内 500 强、知名央企、上市公司和行业龙头企业，围绕重点产业的重点环节与方向，引进高端项目，积极承接珠三角、长三角等发达地区产业转移，推动招商引资从"单一项目、单一企业"向"构建完整产业链、促进产业集聚发展"转变。以集群式引进、专题性推介和精准招商、定向招商为主线，提升招商引资的精准度和实效性。

2. 明确招商重点

例如，瞄准美国康宁、日本旭硝子等玻璃基板巨头企业，加强与京东方、华星光电等液晶面板厂家对接，加快配套龙头企业和项目引进，发展玻璃盖板加工产业集群，打造国际先进触控显示屏和蓝宝石单晶生长及深加工产业链；紧盯世界知名制药企业和中国医药百强企业，重点引进龙头企业和产业链薄弱、缺失环节关键企业，提升生物医药产业集群化发展水平。

3. 扩展产品门类

例如，消费类电子工业。以蓝思科技等企业为核心，充分发挥龙头企业的辐射带动作用，加快推进 DITO 触摸传感器、第六代 AMOLED 柔性面板等产业重大项目建设和上下游关联企业引进，打造视窗防护玻璃面板、触控模组、显示模组等优势产业集群，引进培育智能手机、平板电脑等显示终端制造产业，推进替代性显示功能材料的研发及产业化生产，打造国际先进的触控显示屏、蓝宝石单晶生长及深加工产业链。

（二）提品质

1. 提升装备技术水平

大力推动智能工厂、数字化车间建设，加快高端智能装备发展，推进智能数控机床、工业机器人、高端芯片、工业软件等关键技术装备的集成应用，加强感知与测量、高精度运动控制、人工智能等先进技术的研发与集成应用；推动药品生产线和质量检测设施的数字化改造，实现全流程自动化数据采集控制；加强生物医药产业机器换人应用示范推广，提高生产效率和生产过程可控性；深入实施烟花爆竹智能制造三年行动，重点推广应用全自动化生产线和关键涉药工序机械，加速材料革新、产品研发、工艺改进、机械升级进程。

2．全面推进产学研合作

探索与湖南大学、国防科技大学、长沙智能制造研究总院等高校院所共建成果转化基地、研发中心，不断增强智能制造。全面深化电子信息、生物医药、新材料、健康食品与知名院校的产学研合作，拓宽产学研合作渠道，实现技术资本、产业资本和人才资本的优化组合，充分发挥产学研机制在技术引进、技术研发方面的积极作用，推动新兴产业链做强做大。

3．完善检验检测和认证体系

加快发展第三方检验检测服务。依托云普检测、鼎誉检测等知名检验检测技术机构，加快发展第三方质量检验检测和认证服务，为企业提供面向设计开发、生产制造、售后服务全过程的分析、测试、计量、检验等检测认证服务。创新检验检测新模式，鼓励企业依托天麓检测公司打造的工业检测云平台，通过"互联网+检测"模式汇集的各高校、科研院所、第三方检测机构的检测资源，致力为检测供需双方提供能力（需求）发布、检测交易、检测物流、检测技术咨询等一站式检测服务。加快建设食品等区域性检验检测公共服务平台和企业平台，推进浏阳经济开发区区域性消费类电子、医药、食品物联网信息中心建设。

4．推进智能制造扩面升级

以激活智能制造集群效应、激励智能制造推广应用、激发智能制造生态体系为重点，成立长沙智能制造浏阳分院，扩大电子信息、生物医药、健康食品、烟花爆竹等产业智能制造推广面。培育、发展、推广一批精益管理、柔性生产、数字车间标杆企业。

（三）创品牌

1．实施品牌战略

围绕电子信息、生物医药、智能制造、健康食品、新材料、鞭炮烟花等重点产业，壮大龙头企业，加强品牌培育，优化发展平台，提高产业集中度和综合配套能力。推动企业加强品牌战略管理，提升品牌文化内涵，建立和完善品牌合作与服务体系。

2．支持品牌创建

积极支持安邦制药、尔康制药、九典制药等优势企业创建国家及湖南省工业质量标杆企业和湖南省"省长质量奖"企业；加强浏阳花炮品牌打造，深入保护、挖掘浏阳花炮传统文化内核，着力培育种类丰富、特色鲜明的驰名商标和著名商标，抢占全球产业价值链高端，持续巩固浏阳花炮的全球领军地位。

3．建设"互联网+品牌"体系

持续推进企业上云。将中小企业"上云上平台"作为加快企业数字化转型的重要措施、推动浏阳消费品工业高质量发展的重要品牌工作来抓。推动一二三产业融合发展和大中小企业融通发展，提升深度用云水平，推进管理、数据、业务"上云"发展。

（四）优环境

1．优化发展平台

坚持"一切围绕园区、一切服务园区"，大力推动经开区、高新区、两型产业园等向"大而强、专而精"迈进，加快园区基础设施建设，尽快完善路网、电网、气网、自来水网、下水道网、污水管网，加快园区内部互联网及通信设施建设，促进各种生产要素向园区集中，为企业发展提供强有力支撑。逐步完善全区金融服务、商贸中心、职工住房、文教卫体、公共交通等设施和治安机构。

2．汇聚行业资源

以浏阳市建设创新型县（市）为契机，以科技支撑产业发展为方向，为每个产业链聘请科技顾问。成立浏阳市智能制造研究院，加速推进智能制造的扩面升级；创立产业基金，专项用于重大产业项目的引进和支持。

3．深化政务改革

大力推进企业登记全程电子化，深化"最多跑一次"改革，持续开展"减证利企"行动，加快审批运行速度。探索技改项目承诺制，建立"政府定标准、企业作承诺、过程强监管、信用有奖惩"的投资项目管理模式，激发民间投资活力。积极推行预审代办制。进一步清理涉企行政事业性收费，规范经营服务性收费项目。

4. 加强融资保障

充分发挥战略性新兴产业发展等专项资金的杠杆作用，设立生物医药产业基金，支持行业企业并购发展、创新产品、关键技术研发、开展仿制药质量和疗效一致性评价工作，推动产业结构优化升级，对标国际先进水平实现高速发展。

第六节　成都市温江区

成都市温江区逐步形成了以生物医药和健康食品为主导，服装、消费类电子等其他消费品产业协同发展的消费品工业体系，集群集聚效应不断凸显，主导企业实力强劲，产品研发能力突出，拥有一批驰名全国的知名企业和品牌产品，其中，生物医药、健康食品产业成为成都市五大支柱产业的重要组成部分。

一、基本情况

2018 年，成都市温江区消费品工业增加值增速 9.8%，实现主营业务收入 567.9 亿元（其中，出口额 23.2 亿元），实现利润总额 42.3 亿元。

（一）产业地位不断提高

2016—2018 年，温江区消费品工业增长率超过 35%，利润总额增长率超过 30%。2018 年，全区消费品工业主营业务收入、利润总额和出口总额在工业中的占比分别为 74.1%、73.9%、100%。

（二）主导产业特色鲜明

医药产业，成都医学城 A 区聚集了科伦药业、百裕制药、海思科、九州通等企业，医学城 B 区拥有华西医院、八一康复中心等高端医疗机构，以及博奥生物、新生命干细胞等前沿医学研发及应用机构，产业链涵盖医学研发、医药生产制造、药品流通及应用的全产业链。食品产业，聚集了统一、康师傅、娃哈哈、香飘飘、青岛啤酒、五芳斋等知名企业。

消费类电子产业，拥有品胜电子、伟易达、极趣等知名企业。生物医药、电子信息等消费品工业高新技术企业规模持续扩大，在现代中药、创新化药、触摸屏等产业细分领域的技术达到国内领先水平。

（三）科技创新能力突出

拥有国家级研发机构 11 个、省级研发机构 155 个、院士专家创新工作站 13 个、博士后创新实践基地 3 个，工程技术研发中心 55 个，企业技术中心 47 个。启动石墨烯产研院等公共研发服务平台建设，获批创建"国家知识产权强县工程试点区"，申报国家新药重大成果 2 项，专利申请量 3850 件。其中，雷迪波尔服饰股份有限公司工业设计中心被评为国家级工业设计中心，为成都市首家。新增高新技术企业 11 家，新三板挂牌企业 6 家，实现高新技术产业产值 251 亿元。

（四）提质创牌成就显著

全区拥有科伦药业、海思科制药、雷迪波尔服饰股份等多个国家级两化融合管理体系贯标示范企业，采用国际标准和国外先进标准 37 项。拥有中国驰名商标 3 个、国家地理标志保护产品 2 个、全国知名品牌创建示范区 1 个、四川名牌 18 个、首届成都市政府质量奖 1 个、四川省著名商标 32 个、成都市著名商标 53 个。

二、三品战略

（一）增品种

1. 加强规划引领

温江区坚持以规划引领消费品行业高质量发展，先后制定发布了《成都市温江区"十三五"工业发展规划》《成都市温江区质量发展"十三五"规划（2016—2020 年）》《全国三医融合健康产业知名品牌创建示范区筹建规划》《成都医学城 2025 产业规划》《成都健康产业功能区规划》《成都医学城总规》《成都市温江区医疗美容产业发展规划（2018—2035 年）》等文件，统筹完善了域内消费品工业发展导向。

2. 形成多业并举

立足温江区产业基础比较优势，按照"重点突出、高端高新、集约集群、融合发展"的思路,着力构建"一主引领、多业支撑、结构合理、梯度接续"的"1+3"产业发展格局。发展生物医药核心主导产业,以及健康食品、电子信息和精密印务产业三大重要支撑产业。

(二)提品质

1. 提升发展质量

围绕"健康产业高地、宜业宜居宜游国际化都市新城"发展目标,以提升发展质量和效益为中心,开展质量品牌提升,实施质量强区战略。推动质量多元共建,提升产业、产品、服务、工程、人居质量整体水平,提升区域综合竞争力,促进消费品工业经济提质增效。

2. 推动"三医融合"

坚持"高端引领、创新突破、融合发展"的思路,构建以"三医融合"为主攻方向,以现代服务业为主导的现代产业体系。重点发展生物制药、中医药、医疗器械、精品专科医疗、第三方专业服务、新型医疗健康服务、精准医疗、移动医疗。

(三)创品牌

1. 建设成都医学城

以"融汇全球生物科技,催生本土医疗创新,力促产城融合升级,打造健康幸福成都"为愿景目标,定位于放眼全球的生物医学技术转化中心、全国领先的新型医药医疗产业创新创业的基地、西南最大的全链式生物医学产业集群聚集区。

2. 推动创建"医美之都"

围绕"国际健康产业高地,西部创新公园城市"建设目标,突出发展医疗美容研发制造业,加快发展医疗美容服务业,延伸发展医疗美容关联产业,加快布局"医美温江"特色领域,为成都市打造"医美之都"提供重要支撑。

(四)优环境

1. 强化政策合力

近年来,出台包括《成都市温江区促进产业发展若干政策》等在内的多项政策，大力支持消费品工业发展，范围涵盖医药、食品、服装纺织、消费电子、轻工等消费品工业全领域，涉及从中小企业到规上企业的各种企业类型，为企业及时"供给燃料""松绑减负"。

2. 突出奖励机制

设立温江区政府质量奖，对质量管理成效显著、自主创新能力和市场竞争力等处于领先地位的企业给予一次性 20 万元奖励；印发《成都市温江区促进产业发展若干政策》，推出 68 条政策，对消费品产业给予基础设施建设补助、租金补贴、产品创新奖励等政策支持；印发《成都医学城产业发展扶持政策》，其中，单项创新成果最高奖励可达 1000 万元。

企业篇

第十章

重点消费品企业研究

第一节　绿叶制药创新发展之路

一、企业概况

绿叶制药集团有限公司（简称"绿叶制药"）成立于 1994 年，2014 年在香港主板上市，公司隶属于绿叶生命科学集团，是一家从事创新药物研发、生产和销售的国际化制药公司，公司现有 30 余个上市产品，产品覆盖抗肿瘤、中枢神经系统、心血管、消化及代谢等领域。此外，公司拥有 10 余个海外在研药物，在中枢神经和肿瘤领域有多个创新制剂和创新药在欧美市场开展注册及临床研究。公司的微球、脂质体、透皮释药等先进药物递送技术达到国际先进水平，并在创新化合物研发和抗体、细胞、基因治疗技术及智能制剂等领域进行了积极布局。公司在全球建有七大生产基地，超过 30 条生产线，建立了与国际接轨的 GMP 质量管理和控制体系。

二、发展战略

（一）深度布局新技术领域

绿叶制药自成立之初，坚定不移地专注"先进药物递送技术"，深耕多年，现已成为优势研发企业。目前，以"先进药物递送技术"的微球、脂质体、透皮释药等的新制剂技术已达到国际先进水平。自主研发的肿瘤创新药力扑素,是全球唯一上市的紫杉醇脂质体制剂,也是国内最普遍采用的抗癌药品,其 2017 年市场份额约为 58.3%,在中国紫杉醇类药品市场份额中排名第一。此外,治疗精神分裂症和双向情感障碍的利培酮缓释微球(LY03004)进入 NDA(新药上市许可申请)申报准备的后期阶段,治疗帕金森病的罗替戈汀缓释微球(LY03003)和治疗抑郁症的药物安舒法辛缓释片(LY03005)也已进入三期临床。

(二)对标国际质量管理体系

公司自成立之初,绿叶制药就将产业的定位瞄准全球。绿叶产业园建立了与国际接轨的 GMP 质量管理和控制体系,整个园区从产品设计到厂房建设,均按照国际标准执行,产品质量可控性高。绿叶制药在现有的全球七大生产基地基础之上,将进一步加大海外市场的布局,整合全球产业链、供应链资源,打造从前端原辅料采购到终端患者供应的全球化供应链网络。全球化质量管理体系使绿叶制药成为欧洲大型独立透皮系统制造商之一,公司拥有工艺高度复杂、技术壁垒高的透皮制剂制造车间。绿叶制药攻克了微球制剂产业化的难题,自主研发的微球反应釜及相关制备工艺关键设备均为全球先进的微球制剂生产线。

(三)前瞻性布局海外市场

绿叶制药积极进行海外布局,通过收购合资等手段丰富产品线,布局海外市场。目前,绿叶制药业务覆盖全球 80 多个国家和地区,包括美国、欧盟、日本等主要医药市场,以及高增长的国际新兴市场。2016年年底,绿叶制药通过收购欧洲公司 Acino 的透皮制剂业务,在中枢神经领域的全球市场已构造出丰富的产品线与治疗方案组合,并在与国内外研发、制造和市场的协同中,打造了全球化业务运营模式。2018 年以来,绿叶制药又先后通过向阿斯利康收购思瑞康及思瑞康缓释片在中国等 51 个国家和地区的业务,以及向拜耳收购避孕类透皮贴剂产品 Apleek 的全球业务,持续深化其在全球市场的战略布局及主要医药市场和新兴市场的业务运营能力。经过多年的深耕发展,绿叶制药已摸索出一条独具特色的国际化道路,其国际市场竞争力得到显著提高。

三、启示与借鉴

（一）做精做专是做大做强的基础

做精做专是医药企业做大做强的基础。"精"，是一种精益求精的精神，这种精神是创新型医药企业不可或缺的。绿叶制药正是植根于"先进药物递送技术"，不断开发创新，延伸出微球、脂质体、透皮释药等多种新制剂技术，而且在精益求精的企业精神带动下，新技术已达到国际先进水平。"专"，就是一种产品的完整体系，包括技术、生产、营销等各个环节，其中高端技术是核心。"专"所形成的技术标准和产业平台就是企业的核心竞争力。

（二）对标国际质量标准提升产品品质

对标国际质量标准是企业提高产品质量、提高品牌知名度、开拓国际市场的有力武器。对标国际质量规范本质上是利用高标准推动企业的质量提升。在目前我国"一带一路"政策的引领下，对标国际质量标准一方面可以促进企业以国际视野考量自身的质量水平，促进自身产品质量的提升，实现品牌突破，另一方面可以开拓国际市场，实现国际产能合作。

（三）以并购投资作为布局全球新手段

并购投资已成为医药企业国际化新路径。但是开展国际并购投资，医药企业要有战略眼光和科学的决策，首先应该结合自身业务特点，立足企业长期发展战略对业务板块进行梳理、整合和布局。依据绿叶制药经验，海外业务的拓展可从横向和纵向两个维度展开。横向方面，投资并购的原则是获取新产品新单元新市场；纵向方面，投资并购以打通企业上下游产业链为原则，获得新的技术研发体系，增强全产业竞争力。

第二节　新希望乳业"鲜战略"提升品牌形象

一、企业概况

新希望乳业股份有限公司（以下简称"新希望乳业"）是国内大型

的综合乳制品供应商，具有活力与创新的企业基因，在西南、中南、华北、华东地区拥有 10 余家乳制品企业，其中有 2 家国家级农业产业化重点龙头企业，10 家省级龙头企业。聚焦奶业新消费需求，新希望乳业从建立之初就确立了聚焦方向，将"鲜战略"作为企业发展的品牌纲领。以低温奶产品作为核心，新希望乳业持续进行全产业链的系统升级，构建以"新鲜"为核心价值的城市型乳企联合体，为消费者提供新鲜健康优质的乳品。在"鲜战略"的指引下，通过鲜奶源、鲜科技、鲜供应、鲜体验的四鲜战略打造乳业品牌，提升品牌价值。

二、发展战略

（一）鲜奶源：高标准打造现代化的牧场

新希望乳业一直注重奶源基地建设，目前在全国拥有 20 多个生态奶源基地、10 个直属牛场，分别位于大理、洪雅和千岛湖区，距城市的距离都在 150 公里内，保证牛奶品质新鲜。通过自由牧场，形成"公司+基地+农户"的经营模式，强化了农工的利益联结，保证了奶产品收购过程的全程质量可控。通过对奶牛育种、饲养、牧场、产品加工、冷链储运等资源的整合，实现了从牧场到餐桌全过程乳制品的质量安全可追溯。

（二）鲜科技：推进优质乳工程全面升级

新希望乳业作为最早参与中国优质乳工程的企业之一，带头构建"优质乳工程朋友圈"，以品质探索引领乳业可持续发展的未来。通过投资建设国内领先的低温工厂，采用全球高端生产加工设备，联合国际顶级的科研机构，打造具有规模效应、标准产能及国际水准的乳品工厂。新希望乳业不断开展产品的研发创新，2011 年推出的一款"24 小时巴氏鲜牛乳"以"极致新鲜"为核心诉求，从生产到下架不超过 24 小时，是国内首款用时间定义新鲜的鲜奶，也是新希望乳业践行"鲜战略"的旗舰产品。新希望乳业不断开拓创新。目前已有 6 家企业先后通过巴氏鲜奶"国家优质乳工程"验收，数量上独占全国半壁江山。

（三）鲜供应：采用先进的供应链管理体系

新希望乳业采用国际先进的供应链管理体系，实现供应链高效管理，全程低温冷链运送，确保牛奶的新鲜供应。原料端，精选水土优质地区建设生态奶源基地；生产端，采用国际先进技术建设规模化、高标准的乳品绿色工厂；配送端，通过自有的新希望鲜生活冷链物流公司，采用国际领先的冷链综合物流管理系统，全面实现乳品物流管理的自动化、智能化和高效化。通过构建和整合上、中、下游完整的鲜生态产业链，形成牧场、工厂、市场三位一体的有机体，最大限度保证乳品的新鲜度和品质感，打造用户体验更优的鲜活营养生态链。

（四）鲜体验：构建社群模式深化消费体验

新希望乳业近年来大力探索社群发展模式，创新深化消费者体验。新希望乳业通过搭建一个去中心化的平台，使消费者和品牌之间进行深度的交流。通过对消费者生活方式和习惯的深入了解，新希望乳业能够进行有针对性的开发和反向定制，实现与粉丝的众创众享，达到重构商业要素、重塑零售价值的效应。2017 年年底在新希望乳业推出的一款功能性新品活润 LB-8，基于对用户的深层洞察，针对"不规律人类"的不健康生活方式"对症下药"，因此在年轻群体间迅速走红。"牛奶钱包"是新希望乳业开展社群融合的一个成功尝试，这一创新孵化项目，不仅为消费者提供了"线下体验—线上购买—送货到家"的一站式服务，还开辟了以牛奶乐园为主题的丰富社群活动，未来还可以成为连接消费者生活、理财、出行等方方面面的平台。

三、启示与借鉴

新希望乳业在产业链、供应链、科技链、消费链端的创新与突破对中国乳制品行业的改革创新提供了很好的借鉴和参考，同事也满足了广大消费者对于乳制品的新鲜、优质、个性化的消费体验，传递新鲜的生活态度。伴随着全球一体化、智能化与实体经济的加速融合，消费市场不断壮大，中国乳业迎来前所未有的发展窗口期，后发优势日益明显，以新希望乳业为代表的中国乳业，以极富前瞻性的思考和实践，积极投身于全球性的产业整合中，向世界递交出一份鲜活、创新和高品质的"中国乳业方案"。

第三节 中药 CRO 龙头企业盈科瑞的创新之路

一、企业概况

盈科瑞创新医药股份有限公司（以下简称"盈科瑞"）成立于 1999 年，是中药研发领域规模最大、制剂领域独具特色、业务链条最完善的医药 CRO 企业，目前在北京、天津、珠海三地拥有近 4 万平方米的实验室和 600 余人的行业顶尖研发团队（见图 10-1）。盈科瑞业务主要包括中化药创新药物研发、药效毒理研究、临床研究、中试生产和国际业务五大板块，建立了涵盖立项、成药性研究、药学研究、药效毒理研究、临床研究、中试生产和药品注册、培训、检测等研发体系。盈科瑞共获得新药证书/生产批件 30 余项，临床批件 20 余项，开发新药 120 多项，完成临床研究 10 多项，承担国家 863 课题、"十一五""十二五"和"十三五"重大新药研制、科技部创新基金等国家级、北京市级、区级课题 20 余项。

北京盈科瑞药物安全有效性研究有限公司　　　北京盈科瑞生物医药研究有限公司
北京盈科瑞创新药物研究有限公司　　　北京盈科瑞药物非临床研究有限公司（筹建中）

北京

天津　　　珠海

盈科瑞（天津）创新医药研究有限公司　　　盈科瑞（横琴）药物研究院有限公司
盈科瑞（珠海）创新医药制造有限公司（筹建中）

图 10-1 盈科瑞的全国布局

（二）研发创新同样不能忽略质量

质量不仅是生产企业的立足根本，对于研发创新 CRO 企业也同样重要。研发质量代表着企业文化和企业品牌，对于刚刚起步的 CRO 企业来说，承接项目的数量决定企业能否继续走下去，而承接项目完成的质量决定企业能走多远。在国家大力支持医药行业研发生产外包服务的趋势下，新涌入的 CRO 企业越来越多，既有的 CRO 企业产业链布局也越来越广，只有将现有产业链做精做专，每个项目都做到质量问题"零容忍"，才能确保研发品质，扩大品牌影响力，研发质量高也可以成为优质 CRO 企业的核心竞争力。

（三）和合共赢是立于不败之地的法宝

目前，国家与国家之间通过国际贸易实现了资源合理利用与分配，企业与企业之间通过战略合作实现业务市场人才等资源互补共赢。对于 CRO 企业来说，生产性服务业的性质决定合作是其主要业务模式，盈科瑞即是采用自主研发为主，同时开展对外项目承接、技术咨询与服务的"多业务"运营和管理模式。CRO 企业在承接生产性企业研发项目时，要认清自身优势和生产性企业的研发需求，在研发创新过程中，加强沟通交流，真正做到创新成果为客户所需，又能增强自身研发实力。

第四节　格力电器——自主创新铸就飞速发展

一、企业概况

珠海格力电器股份有限公司（以下简称"格力电器"）是国内家电行业龙头企业之一。2018 年，实现营业总收入 2000.24 亿元，同比增长 33.3%，实现归属母公司的净利润 262 亿元，同比增长 17%。空调方面，2018 年，在国内空调市场不景气的情况下，格力电器空调业务依然实现了 26.2%的高增长，家用空调全球占有率达 20.6%，连续多年保持全球第一，中央空调方面，格力电器也连续 7 年保持市场占有率全国第一。此外，在开启业务多元化的第三个年头，格力电器也在空调主业之外的各大业务板块迎来突破发展，生活电器和智能装备板块分别实现 64.9% 和 46.19% 的飞速增长。格力电器的飞速发展源于对自主创新实力的锻造。

二、发展战略

（一）创新战略就是人才战略

格力电器认为技术来自人才。目前，技术研发人才已经超过 14000 人，拥有 15 个研究院，近一百个研究所，1000 个实验室。格力电器实施全员培养、全员激励，将创新意识、质量意识融入每个员工的思想意识中，营造了自我超越的创新文化。格力电器在各个分厂都设有培训部门，培训内容涉及企业文化和专业技术能力。同时，格力电器重视员工的身心发展，把员工当作家人，针对每个员工的兴趣爱好，开设书法、读书等培训，促进员工身心健康。技术升级使企业实现自动化生产，导致制造业企业频频传出裁员的消息，但格力电器从不因此而裁员，而是采用将基层员工培养成技术工人的办法，让普通的技术工人有机会成为专家，让他们重新获得自身价值和发展机会。同时，格力电器为了激励和尊重研发人员，设立了格力院士站，培养自己的院士，享受国家级院士的待遇。

（二）掌握核心技术

格力电器认为能"拿来"的技术都不是核心技术，没有核心技术，企业就没有持续进步的力量，核心技术领域是企业竞争的主战场，掌握了核心技术可以较长时间保持企业的竞争优势，产品功能和品质往往取决于核心技术产品。关键的空调核心零部件开发是格力电器核心竞争力的体现，空调领域压缩机和制冷剂是空调的心脏和血液，变频控制器被称为空调系统的大脑，格力电器每年投入大量经费支持压缩机和控制器的研发，2018 年 12 月，格力电器自主研发的"光伏直驱系统及其控制方法"获中国专利金奖，成为空调行业迄今唯一获得专利金奖的技术。截至目前，格力电器拥有 24 项国际领先技术，在家用空调、中央空调、智能装备等多个领域占居技术高地（见表 10-1）。

表 10-1　格力空调核心技术领域

领　　　域	具　体　技　术
压缩机电机	离心压缩机技术、螺杆压缩机技术、涡旋压缩机技术、转子压缩机技术、高效电机技术
控制机	变频控制技术、太阳能控制技术、远程监控技术、群控技术
冷冻冷藏	预冷技术、速冻技术、制冰技术
强化换热	换热器仿真优化技术、微通道强化换热技术、新型换热技术
环保	新型制冷剂、绿色材料及设计技术
其他	超低温制冷技术、振动噪声技术、新材料应用技术

数据来源：赛迪智库资料整理

（三）创新以消费者为导向

消费者的需求始终是格力电器的"行动指南"。格力电器认为，企业真正的创新要以消费者为导向，消费者的需求就是格力电器创新的标准。格力电器能深刻理解用户对空调舒适性、养生性的需求。例如，光伏空调就是格力电器以消费者为导向的创新产品，光伏空调是一款基于不用电费的空调的研发设想，目前，格力电器的光伏空调已经开发出第二代产品。格力电器研发团队通过基于热舒适与节能的分布式送风末端技术、多风机高效低噪整流技术、多离心风机高效布局技术等一系列技术解决方案，将分布式送风技术成功运用于热泵空调上，使空调实现了"地毯式制热"这一更加科学高效的气流组织方式，大幅缩小了室内的垂直温度差，使用户有更舒适的空调体验。

（四）重视渠道变革

格力电器敢于创新不仅体现在技术创新上，而且也体现在制度创新上，格力电器的渠道变革给企业带来了更广阔的市场和利润空间。 格力电器的渠道创新主要采取全直销模式，取消销售公司，摆脱经销商的控制，通过重心下移，实现直接管理县级或二级代理。这种模式节约了渠道维护成本，便于有效管理和品牌经营，为格力电器可持续发展奠定了基础。

三、启示与借鉴

（一）创新离不开人

创新离不开人，格力电器的经验告诉我们创新就要以人为本。创新一方面离不开企业家，需要企业家有战略眼光，有前瞻思想，另一方面离不开基层员工，需要每个基层员工都有创新意识，才能形成创新合力，才能使企业真正流动着"创新的血液"。激发基层员工的创新意识，一是要加强对基层员工的技能培训，使其术业有专攻，二是要加强对员工的人文关怀，让员工对企业有归属感，从而激发创新热情。

（二）核心技术是最大的竞争筹码

格力电器的经验告诉我们，掌握核心技术才能在商场竞争中立于不败之地。创新就要围绕核心技术展开，集中一切人力物力和财力突破核心技术，虽然前期投入要比一些外围技术大，但收获也是巨大的。在当前国际贸易摩擦日益增多的情况下，掌握了核心技术不仅可以收获国内市场，在国际市场竞争中也不至于处于被动的局面。

（三）应以消费者需求为创新方向

格力电器之所以取得如此骄人的成绩，离不开其产品迎合消费者需求的特点。当前，企业在选择创新方向时面临的选择因素较多，有的以政策资金扶持方向为导向，有的以资本市场投资方向为导向，有的以国外先进技术趋势为导向等，这些都是被动的创新方向，产品最终是要给消费者使用的，所以格力电器这种根据消费者的需求来开展的创新才是主动的创新。以消费者需求为导向进行创新，生产出来的产品才更符合消费者的需求，市场效应才会更好。

（四）创新不仅仅是技术层面

格力电器的经验告诉我们，创新不仅仅局限在技术层面，还包含销售渠道方向的创新、管理模式的创新、企业文化的创新等。创新是一种思维的主动性，只要有了这种思维的主动性，无论哪一方面进行了创新，

都会剔除企业发展中的糟粕，都会使企业获得新的活力，都会给企业带来新的发展机遇。

第五节　劲嘉集团创新发展路径

一、企业概况

深圳劲嘉集团（以下简称"劲嘉集团"）是中国纸包装印刷龙头企业，它形成了从标准制定到纸包装材料、纸包装产品设计研发和制造生产一整套完整的产业链，已成为生产规模、科研创新能力、核心竞争力等均居行业前列的现代化大型综合包装产业集团。劲嘉集团拥有中国环保包装印刷材料与应用技术研发中心、全国印刷标准研究基地、高端印刷技术与创新材料工程实验室、中国合格评定国家认可委认可的国家级检测实验室、武汉大学博士后科研工作站等，是知识产权优势企业，是国内纸包装行业集设计与制造一体化、大型综合解决方案提供商，为客户提供的绿色产品包括折叠纸盒、酒包装盒、快递包装产品、防伪材料、新型智能包装产品等。多年来，劲嘉集团一直重视国际包装印刷行业的发展和最新技术，能够准确把握行业前沿科技水平，已成为国内外精品纸盒包装印制企业的示范企业。

二、发展战略

（一）大力培养技术创新团队

为更好地给客户提供创新产品和服务，近年来，劲嘉集团积极组建技术创新团队，大力吸引高层次人才加入，重视自身员工技术水平培养，建立了完善的人才管理和保障制度，另外，集团还十分重视借助外脑，先后与中国印刷科学技术研究院、德国 Exceed Techlink GmbH 等国内外重点研究机构合作，聘用武汉大学、西安理工大学团队建立博士后创新实践基地，聘用北京印刷学院、深圳职业技术学院、中国印刷科学技术研究院团队建立国家与地方联合工程中心。同时，劲嘉集团通过建立联合研发项目组、互聘技术顾问或客座教授等方式，与长荣股份、武汉大学、湖南工业大学、北京印刷学院、深圳职业技术学院等行业内知名企业和高校的研发创新人员保持紧密的技术合作关系，充分整合高校和社会科研机构条件、智力资源，不断夯实自身的创新研发实力。

（二）重视研发创新投入

劲嘉集团高度重视技术研发，每年拿出销售收入的3%～5%作为研发经费，用于包装印刷技术和制造生产工艺开发、研制、实验和应用推广。2018年、2019年两年，公司技术研发费用累计投入10970万元。技术研发中心及检测中心设备总值超过6500万元。同时，集团对科技研发人员的培养投入了大量资金，组织参加各类高水准的技术、管理培训和员工的技能培训，增强整个团队的研发实力。在绿色印刷和绿色制造关键技术、工艺和关键工序集成优化方面等技术攻关，通过投入大量的人力和物力，成功解决了多项行业性重大技术难题，实现了重大技术突破，取得了重大成果，并拥有多项自主知识产权，创新性很高，达到了国际上领先水平。

（三）积极开展产学研合作

集团注重与国内外有实力的科研机构和知名高校积极开展技术合作，已经与中国印刷技术研究院、武汉大学、北京印刷学院、西安理工学院、湖南工业大学、深圳职业技术学院等院校签署了校企合作协议。通过校企合作和产学研联合技术攻关，借助院校的科研实力，在双方共同协作开发下，攻克了诸多绿色制造科研难题。充分整合和利用高校、社会科研机构的技术条件、智力资源优势，创新产学研联动创新模式，解决了企业科技人员不足问题，提高了企业的研发水平。同时，企业也给予高校一个实际操作平台和实习基地，双方达到了互利共享。

（四）注重创新研发设计平台建设

为持续提升产品质量，有效开展对原辅料、产品半成品及生产过程安全和性能指标的检测、控制和把关，劲嘉集团投资建立了国内一流检测实验室，实验室拥有国内外领先的检测设备、先进的检测技术及经验丰富的实验室管理人员和专业检测技术队伍。同时，劲嘉集团一直注重自主研发，已建立了具有完善组织结构和科学管理体系的技术创新研发中心，研发人员由来自全国及香港地区包装印刷行业的优秀人才组成。此外，集团还建成了国内领先的包装创意设计平台，其具有包括品牌策划、创意设计、产品设计及产品测试打样所需的检测环境与能力，并配备先进的检测设备和仪器，形成了具有国内领先的包装设计论证和设计产品分析检测的完整的工程化硬件设备体系，并能将工业设计中心的科技成果转化为可产业化生产的产品。

三、启示与借鉴

（一）培养创新人才，壮大研发队伍

加强创新人才培养和队伍建设，推动企业创新发展的智力保障。

一是企业要注重实施人才优先发展战略，健全人才培养机制，大力培养创新技术人才，夯实企业创新发展的智力基础。

二是企业应积极与高校、科研院所联合培养技术创新人才，充分利用外部研发创新资源，联合建立人才培养基地或中心。

三是企业应重视员工的培养，不定期的送技术人员到国内外先进机构或企业学习交流，培养一线创新人才和青年科技人才。积极引进优秀的科研创新人才，建立高素质创新团队。

四是企业应为研发创新人员营造宽松、良好的科研环境，赋予创新领军人才更多人财物支配权、技术路线决策权，完善研发创新人员待遇和生活保障机制。

（二）强化研发创新投入，加快企业创新发展

创新是引领发展的第一动力，加大创新投入力度，提高企业创新能力和水平。

一是企业积极承担重大科研项目，加大研发创新资源的投入，成为技术创新决策、研发投入、科研组织和成果转化的主体，增强原始创新和自主创新能力。

二是企业应强化自主创新，把更多人力物力财力投向核心技术研发，努力突破行业关键核心技术，实现关键核心技术自主可控。

三是企业应加大人才培养投入，设立专门的创新人才培养基金，提

升企业整体的研发实力。

（三）开展产学研合作，推进科技联合攻关

整合资源，联合外部创新资源，协同合作，提升创新能力。

一是企业应主动与高校、科研机构、国家实验室等协同合作，加强科技联合攻关，形成企业与高校、科研机构、国家实验室等功能互补、良性互动的协同创新格局，共同攻克关键技术难题。

二是企业应充分发挥其制造实力，主动为高校、科研机构的科研项目提供小试、中试条件，促进高校、科研机构的科研项目有效转化。

三是企业应积极融入全球创新网络，积极与国外科研机构对接合作，主动牵头或参与国际大科学计划和大科学工程，提高企业科技创新的国际化水平。

（四）整合创新资源，培育创新载体

建立创新中心、实验室、工程中心、设计中心等创新载体，形成完善的研发创新体系，提升企业核心竞争力。

一是企业应凭借自身实力争取建立国家技术创新中心、国家重点实验室、工程实验室、工程中心等研发平台，为技术研发提供创新平台和载体。

二是企业应建立自有的研发设计中心或平台，在满足自身研发设计需求的同时，还可以为行业内其他企业提供设计方案，推动企业向产业链附加值较高的设计创意服务端转型。

三是企业应积极联合外部资源，建立独立或非独立的具有自主研究开发能力的产业技术创新战略联盟和生产基地，在核心技术、技术标准、专利保护、成果孵化转化等方面开展深入合作。

政　策　篇

第十一章

2019 年中国消费品工业重点政策解析

第一节 《国产婴幼儿配方乳粉提升行动方案》

一、政策内容

2019 年 6 月 3 日，国家发展改革委、卫生健康委、商务部等七部委印发关于《国产婴幼儿配方乳粉提升行动方案》（以下简称《方案》）的通知。

《方案》提出，大力实施国产婴幼儿配方乳粉"品质提升、产业升级、品牌培育"行动计划，国产婴幼儿配方乳粉产量稳步增加，更好地满足国内日益增长的消费需求，力争婴幼儿配方乳粉自给水平稳定在 60%以上；产品质量安全可靠，品质稳步提升，消费者信心和满意度明显提高；产业结构进一步优化，行业集中度和技术装备水平继续提升；产品竞争力进一步增强，市场销售额显著提高，中国品牌婴幼儿配方乳粉在国内市场的排名明显提升。

《方案》要求，健全企业质量安全管理体系，在企业现有质量安全追溯体系的基础上，逐步建立全国统一的婴幼儿配方乳粉质量安全追溯平台，实现全过程、电子化信息查询追溯，力争三年内实现质量安全追溯体系建设覆盖 60%以上婴幼儿配方乳粉企业，并与国家重要产品质量追溯平台对接。

《方案》指出，要完善产品抽检制度，对出现过指标不合格的婴幼儿配方乳粉企业加大抽检力度。严厉打击非法添加非食用物质、超范围超限量使用食品添加剂、篡改标签标识以及在标签中标注虚假、夸大的内容等违法行为。

《方案》还指出，要强化政策引导，鼓励各地通过企业并购、协议转让、联合重组、控股参股等多种方式开展婴幼儿配方乳粉企业兼并重组，淘汰落后产能。加快推进连续 3 年年产量不足 1000 吨或年销售额不足 5000 万元、工艺水平和技术装备落后的企业改造升级，进一步提高行业集中度和整体发展水平。符合条件的重组业务，按规定适用相关税收政策。

二、政策影响

一方面，有助于提高国产婴配乳粉的产品质量。目前，在政府和企业的积极努力下，我国婴配乳粉行业的政策法规体系逐渐完善，产品质量稳步提高。但是，由于国内企业生产管理体系及核心技术方面与乳业发达国家相比尚存在一定差距，导致国产婴配乳粉的品质和竞争力仍有待提升。《方案》从建立全国统一的婴幼儿配方乳粉质量安全追溯平台、加快推进企业改造升级、淘汰落后产能等方面着手，有助于提升国内企业的生产管理和质量控制水平。

另一方面，有助于提振国产婴配乳粉的市场信心。尽管国外品牌婴配乳粉价格比国内品牌高出 25%左右，一二线城市的消费者仍倾向于选择进口婴配乳粉，且随着进口产品的不断渗透，中外品牌竞争也逐渐扩大到中小城市。2019 年，我国共计进口婴配乳粉 34.6 万吨，同比增长 6.5%；平均价格 15027 美元/吨，同比增长 2.2%，国外品牌量价齐增。《方案》从提升奶源质量、规范乳粉生产、加大市场监管、培育国产品牌等产业链各环节入手，严把产品质量关，将有效增强国人的消费信心。

第二节 《关于实施健康中国行动的意见》

一、政策内容

2019 年 7 月 15 日，国务院发布了《关于实施健康中国行动的意见》（以下简称《意见》），《意见》表示人民健康是民族昌盛和国家富强的重要标志，预防是最经济最有效的健康策略。

《意见》在全方位干预健康影响因素中指出，要实施全民健身行动。生命在于运动，运动需要科学。为不同人群提供针对性的运动健身方案或运动指导服务。努力打造百姓身边健身组织和"15 分钟健身圈"。推进公共体育设施免费或低收费开放。推动形成体医结合的疾病管理和健康服务模式。把高校学生体质健康状况纳入对高校的考核评价。到 2022 年和 2030 年，城乡居民达到《国民体质测定标准》合格以上的人数比例分别不少于 90.86% 和 92.17%，经常参加体育锻炼人数比例达到 37% 及以上和 40% 及以上。

《意见》在维护全生命周期健康中指出，实施中小学健康促进行动。中小学生处于成长发育的关键阶段。动员家庭、学校和社会共同维护中小学生身心健康。引导学生从小养成健康生活习惯，锻炼健康体魄，预防近视、肥胖等疾病。中小学校按规定开齐开足体育与健康课程。把学生体质健康状况纳入对学校的绩效考核，结合学生年龄特点，以多种方式对学生健康知识进行考试考查，将体育纳入高中学业水平测试。到 2022 年和 2030 年，国家学生体质健康标准达标优良率分别达到 50% 及以上和 60% 及以上，全国儿童青少年总体近视率力争每年降低 0.5 个百分点以上，新发近视率明显下降。

《意见》在维护全生命周期健康中还指出，实施老年健康促进行动。老年人健康快乐是社会文明进步的重要标志。面向老年人普及膳食营养、体育锻炼、定期体检、健康管理、心理健康以及合理用药等知识。健全老年健康服务体系，完善居家和社区养老政策，推进医养结合，探索长期护理保险制度，打造老年宜居环境，实现健康老龄化。到 2022 年和 2030 年，65 至 74 岁老年人失能发生率有所下降，65 岁及以上人群老年期痴呆患病率增速下降。

《意见》强调，国家层面成立健康中国行动推进委员会，制定印发《健康中国行动（2019—2030 年）》，细化上述 15 个专项行动的目标、指标、任务和职责分工，统筹指导各地区各相关部门加强协作，研究疾病的综合防治策略，做好监测考核。要动员各方广泛参与，凝聚全社会力量，形成健康促进的强大合力。要加强公共卫生体系建设和人才培养，加强财政支持，强化资金统筹，优化资源配置，加强科技、信息支撑，

完善法律法规体系。要注重宣传引导，及时发布政策解读，设立健康中国行动专题网站，以有效方式引导群众了解和掌握必备健康知识，践行健康生活方式。

二、政策影响

《意见》是国家指导未来十多年全民疾病预防和健康促进的重要文件，是推进《"健康中国 2030"规划纲要》的"路线图"和"施工图"。与以往的政策相比，《意见》有四个亮点：一是政策定位从以治病为中心转向以健康为中心；二是策略上从"治已病"向"治未病"转变；三是实施主体从医疗卫生系统向全社会力量联动转变；四是行动上从宣传倡导为主向全民参与行动转变。

随着工业化、城镇化和人口老龄化的加快，人民生活质量提高的同时疾病谱也不断发生变化，糖尿病、心脑血管疾病、慢性呼吸系统疾病、癌症等慢性疾病逐渐增多，这些疾病导致的负担占总负担的 70%以上；肝炎、艾滋病等传染性疾病防控压力持续加大，风险不容忽视；职业健康、亚健康问题突出，不健康的生活方式普遍存在。《意见》聚焦当前人民群众面临的主要健康问题，通过预防为主，综合施策，提升全民身体健康状态。

第三节 《国务院办公厅关于进一步做好短缺药品保供稳价工作的意见》

一、政策内容

2019 年 10 月 11 日，国务院办公厅印发《关于进一步做好短缺药品保供稳价工作的意见》（以下简称《意见》）。《意见》指出，党中央、国务院高度重视短缺药品供应保障工作。近年来，我国短缺药品供应保障不断加强，取得积极成效，但仍面临药品供应和价格监测不够及时灵敏，药品采购、使用、储备以及价格监管等政策有待完善等问题。

为进一步做好短缺药品保供稳价工作，更好保障群众基本用药需求，《意见》提出以下相应政策举措。

（1）保供方面

一是加强协同监测。搭建国家短缺药品多源信息采集平台，建立协同监测机制，实现原料药和制剂在注册、生产、采购、价格等方面的信息联通共享，提高监测应对的灵敏度和及时性。

二是做好短缺药品清单管理。实行短缺药品清单管理制度，制定国家和省级临床必需易短缺药品重点监测清单和短缺药品清单，并动态调整。

三是实施短缺药品停产报告。药品上市许可持有人停止生产短缺药品的，应按照规定向药品监督管理部门报告。医疗保障部门及时向同级联动机制牵头单位报告停产对市场供给形势的影响，卫生健康部门及时研判停产药品短缺风险。

四是落实直接挂网和自主备案采购政策。对于短缺药品清单中的品种，允许企业在省级药品集中采购平台上自主报价、直接挂网，医疗机构自主采购；对于短缺药品清单和重点监测清单中的药品，医疗机构可线下搜寻药品生产企业，在省级药品集中采购平台自主备案。

五是建立健全短缺药品常态储备机制。优化中央和地方医药储备结构，充分发挥省级医药储备功能，筛选一批临床必需、用量不确定且容易发生短缺的药品纳入储备，明确储备短缺药品调用程序。

（2）稳价方面

一是加强药品价格异常情况监测预警。定期监测采购价格变化情况，对价格出现异常波动的，及时了解情况并提示预警。

二是强化药品价格常态化监管。完善药品价格成本调查工作机制，建立价格和招标采购信用评价制度。对于存在价格上涨幅度或频次异常、区域间价格差异较大等情况的药品，综合运用成本调查、暂停挂网等措施，予以约束。

三是加大对违法行为的执法力度。建立部门协同联动工作机制，开展多部门联合整治，整治结果及时向社会公布。构成犯罪的依法追究刑事责任，坚决处置相关责任人，形成有效震慑。

《意见》强调，要做好定期报告，强化监督问责，对工作开展不力的地方，及时约谈并督促整改，确保相关措施取得实效。加强宣传引导，定期通报短缺药品保供稳价工作情况，主动回应社会关切。

二、政策影响

一方面，保障短缺药品供给。数据显示，我国短缺药品达到 409 种，且多是低价药、罕见药以及抢救用药等，这些药品在日常用药需求中占的比重较大。而造成药品供给短缺的原因较为复杂，包括原料短缺、药品定价和招标、市场垄断、市场信息不对称等。《意见》通过搭建国家短缺药品多源信息采集平台、实行短缺药品清单管理制度、落实直接挂网和自主备案采购政策、建立健全短缺药品常态储备机制、实施短缺药品停产报告等措施，能够有效提升企业生产积极性，打通产业链各环节的协同性，保障药品供给。

另一方面，稳定短缺药品价格。2019 年 8 月，国家医保局调查了3200 多种常用药品价格，其中 200 多种涨幅较大，且多集中在低价药、急（抢）救药以及少数非处方药。药品价格上涨与原料药涨价、"以缺逼涨"、用工成本增加等多种原因相关，《意见》通过增加药用原料有效供给、加大药品价格监管和执法力度，力图有效遏制价格过快上涨的势头。

第四节 《中华人民共和国食品安全法实施条例》

一、政策内容

2019 年 10 月 31 日，国务院总理李克强签署国务院令，公布修订后的《中华人民共和国食品安全法实施条例》（以下简称《条例》），自2019 年 12 月 1 日起施行。《条例》共 10 章 86 条。

《条例》强化了食品安全监管，要求县级以上人民政府建立统一权威的监管体制，加强监管能力建设，补充规定了随机监督检查、异地监督检查等监管手段，完善举报奖励制度，并建立严重违法生产经营者黑名单制度和失信联合惩戒机制。

《条例》完善了食品安全风险监测、食品安全标准等基础性制度，强化食品安全风险监测结果的运用，规范食品安全地方标准的制定，明确企业标准的备案范围，切实提高食品安全工作的科学性。

《条例》进一步落实了生产经营者的食品安全主体责任，细化企业主要负责人的责任，规范食品的储存、运输，禁止对食品进行虚假宣传，并完善了特殊食品的管理制度。

《条例》完善了食品安全违法行为的法律责任，规定对存在故意实施违法行为等情形单位的法定代表人、主要负责人、直接负责的主管人员和其他直接责任人员处以罚款，并对新增的义务性规定相应设定严格的法律责任。

二、政策影响

我国高度重视食品安全，早在 1995 年就颁布了《中华人民共和国食品卫生法》，并在此基础上于 2009 年通过《中华人民共和国食品安全法》。由于食品安全形势发展需要，国家于 2013 年启动食品安全法修订工作，并于 2015 年开始实施。2015 版食品安全法实施四年来，我国食品安全水平取得显著提升。但是，实践过程中我国食品安全工作仍然面临诸多困难和挑战，取得的经验和有效做法也需要进一步总结提炼上升为法律规范，因此国家启动《条例》修订工作，进一步细化和落实食品安全管理工作，解决新问题和新矛盾。

《条例》在食品安全国家标准实施时限、食品安全地方标准制定范围、企业标准备案相关问题、非食品经营者从事某些食品贮运业务备案制、回收食品定义及相应处置方式、特殊食品的特殊监管要求、进口无国标食品的范围、组建食品安全检查员队伍、食品安全信息发布相关法律责任、虚假宣传处罚措施、违法企业负责人员处罚措施等方面做出了更加明确的规定，为食品安全监管和执法提供了更为明晰的依据。

第五节　《关于促进老年用品产业发展的指导意见》

一、政策内容

2019 年 12 月 31 日，工信部、民政部、国家卫生健康委员会、国家市场监督管理总局、全国老龄工作委员会办公室联合印发《关于促进老年用品产业发展的指导意见》（以下简称《指导意见》）。《指导意

见》包括总体要求、促进老年用品产业发展的十五项工作和组织实施的内容。

《指导意见》提出以习近平新时代中国特色社会主义思想为指导，深入贯彻落实党的十九大和十九届二中、三中、四中全会精神，践行新发展理念，深化供给侧结构性改革，实施创新驱动发展战略，培育龙头骨干企业，激发产业发展内生动力，丰富产品品种、提升产品品质、创建产品品牌，深化互联网、大数据、人工智能、5G 等信息技术与老年用品产业融合发展，逐步构建完善的老年用品产业体系，增强适应老龄化社会的产业供给能力，不断满足老年人多样化、多层次消费需求。到 2025 年老年用品产业总体规模超过 5 万亿元，形成技术、产品、服务和应用协调发展的良好格局。

《指导意见》提出要大力促进功能性老年服装服饰、智能化日用辅助产品、安全便利养老照护产品、康复训练和健康促进辅具以及适老化环境改善产品等领域产品的创新发展，并通过增强产业创新能力、加快构建标准体系、提升质量保障水平、推动智能产品应用、强化知名品牌建设等措施夯实老年用品产业发展基础。同时，还将从发挥地方优势，培育经济新增长点；加大创新投入，提升产品供给能力；完善产业政策，推进行业应用推广；优化消费环境，培育规范消费市场；发挥协会作用，提高行业服务能力等方面加大组织保障实施力度。

二、政策影响

2019 年，我国 65 岁及以上老年人口接近 1.8 亿人，占总人口的比重达到 12.6%，即将进入深度老龄化。与日益加剧的人口老龄化相比，我国老年用品产业发展缓慢，产品种类不足全球市场的 5%，有效供给明显不足。

《指导意见》作为我国第一个国家层面促进老年用品产业发展的引导政策，首次明确了老年用品产业的重点领域，有利于系统构建我国老年用品产业体系，满足人民群众多样化多层次的消费需求。

《指导意见》基于对老年用品行业现状、市场需求和未来发展趋势的多方考虑，围绕产品的多样性、功能性、安全性和高标准，强调创新驱动，有利于推动产业高质量发展，缩小与日本等发达国家的差距。

　　《指导意见》从部委层面建立起工序横向联系，并向下指导各级地方部门、行业协会，建立纵向联系共同推进地方老年用品产业园区、创新性企业发展，通过建立中国老年用品指导目录、开展重点产品试点示范工程等措施促进产需衔接，解决市场有效供给不足问题。

热 点 篇

第十二章

2019 年中国消费品工业热点事件解析

第一节 部分药品短缺断供问题与建议

一、背景

2018 年 12 月至 2019 年 2 月，为了解我国药品供应保障和部分小品种、低价药品短缺断供情况，工业和信息化部、国家卫生健康委、国家发展改革委、国家药监局、国家医保局等部门组成联合调研组，赴河南、四川、浙江、新疆、内蒙古、北京等地开展调研，赛迪智库消费品工业研究所参与调研。调研期间，调研组在各地分别组织相关政府职能部门、医疗与卫生机构、药品生产企业、药品配送企业等开展座谈会，并对华兰生物工程股份有限公司、四川省人民医院、成都倍特药业有限公司、国药集团新疆新特药业等单位进行实地调研。调研发现，目前全国药品市场总体供应充足，部分品种存在阶段性短缺。

二、存在问题

政策设计和机制方面的问题。一是招标采购机制设计不合理。招采价格低，挤占生产企业利润空间甚至出现"价格倒挂"，导致企业没有生产积极性。调研时，某医疗机构反映，该院 53% 的药品断供原因是招采平台限价交易，交易价格低于企业成本价，企业断供。二是药品生产企业变更原料药供应商审批时间长，部分原料药出现阶段性断供。根据《药品注册管理办法》规定，药品生产企业变更国内原料药供应商需向省级药监部门重新备案，企业反应备案审批时间长，耗时半年到一年。审批时间长固化了生产企业与原料药供应企业的交易关系，降低了生产企业按照市场规律选择原料药供应商的可能性，增加了因原料断供的风险。

药品生产企业自身的问题。一是工艺优化和生产成本上涨导致部分药品短缺涨价。近年来，受到原材料、人工成本、土地成本及环保要求提高、工艺优化、质量标准提高等因素的影响，部分急抢救药及低价药品生产成本不断攀升。调研发现，碳酸氢钠注射液的原料碳酸氢钠 2015年初的价格约为 5 元/公斤，2018 年初涨至约 40 元/公斤，涨幅 700%，人工和能耗成本也不断攀升，平均涨幅达 40%。二是小品种药需求量小，无法实现规模经济，企业生产积极性不高。调研发现，巯嘌呤片是治疗儿童白血病的国家基本药物，但因为市场需求非常小，生产企业一年仅开工 1 个月即可满足全国市场需求，因生产线无法转制其他药品其余11 个月空闲，固定成本投入远高于利润收益，企业无生产动力。三是生产企业线路改造升级，造成部分药品阶段性短缺。部分药品生产企业因线路升级、GMP 改造等因素影响，导致停产，如无其他生产企业供应，必然会导致供应短缺。国家卫健委统计信息中心《2018 年 10 月短缺药品检测结果快报》显示，维生素 B1、葡萄糖酸钙、小儿氨基酸等药品短缺的原因就是企业生产线改造导致暂时停产。

其他方面的问题。一是部分原料药被垄断控销。部分药品尤其是临床必需且用量少的急抢救药和低价药并非是实质性短缺，主要是原料药的恶意控销、垄断等因素导致的相对性短缺。调研发现，一些企业采购的部分原料药被一些医药贸易公司包销垄断，导致芬布芬等多种原料药断供。二是环保限停产导致部分原料药停产。环保要求的提高导致部分原料药生产企业或停产改造，或搬迁，原料药因此出现短缺。调研发现，河南地区错峰生产期间，部分原料药企业限产或关停，如河南九势制药股份有限公司 2017 年 11 月 15 日至 2018 年 3 月 15 日间按规定停产，加之 6、7 月份设备保养维护，全年生产时间不足半年。三是政策调整导致部分药品出现阶段性断供。调研发现，曲妥珠单抗纳入国家谈判药品目录后，价格大幅下降并纳入医保且不占药的占比考核指标，临床用量需求增长过快，导致药品阶段性供应不足。

三、主要启示

完善短缺药招标采购机制。制定短缺药品招采价格联动定价机制，根据企业生产成本、临床使用情况及当地财政医保实际，以市场化为导向合理确定短缺药品招采价格。进一步完善急抢救、基础输液、妇儿专科非专利药品直接挂网采购制度和询价采购、备案采购等方式。对用量大但价格低的廉价药品按确定的价格采购或通过定点生产保障供应。为短缺药品采购开启绿色通道。在保障药品质量供应的前提下，对维持短缺药品供应保障的生产厂家采取减免税收等财政鼓励方式。

改革药品审批备案制度。建立动态短缺原料药清单，对于清单涉及原料，可考虑无须等待制剂关联审评，优先单独启动审评，通过审评后公示，制剂厂家可选择使用。优化更换原料药供应企业备案制，对于短缺制剂品种，提出变更原料来源申请时，如变更的原料药企业具有原料药生产资质、具备 GMP 证书且检验合格的，可加快审评。

推动小品种药（短缺药）集中生产基地建设工作。将临床用量小且必需、价格低廉、社会接受度高的药品纳入小品种药生产基地，通过协调解决小品种药文号转移、委托生产、集中采购、供需对接等措施，支持企业集中产业链上下游优势资源，推动小品种药生产基地建设。

加强原料药市场的监管和处罚力度。加强对原料药货源、企业库存和市场交易行为的跟踪监测，对涨价明显的药品及原料药生产流通企业密切关注，及时开展成本价格专项调查。加强对企业价格违法行为的处罚和曝光，持续加强原料药领域反垄断执法，营造公平竞争的市场环境。

第二节　锂电池储能产业亟待解决的三大问题及建议

一、背景

锂电池储能具有能量密度大、自放电小、无记忆效应、工作温度范围宽，以及可快速充放电、使用寿命长、环境污染小和不受地形等自然条件限制等优点，是目前储能产品开发中适应性最好的技术路线，可以胜任各种复杂的场景，在发电侧、用户侧、电网侧等主要储能领域均有很强的竞争力。在发电侧，锂电池储能主要用于光储电站、风储电站、自动发电控制（AGC）调频电站等；在用户侧，主要用于通信基站、轨道交通、家庭储能和备用电源等；在电网侧，主要用于变电站储能、虚拟发电厂、微电网和调峰调频等场景。在新能源汽车销量迅猛增长的带动下，锂电池行业也保持了良好发展势头。国家统计局数据显示，2018年我国各类锂电池产量 124.2GWh，同比增长 23.1%，这为锂电池储能产业发展奠定了坚实基础。尤其是成本低、安全性较好的磷酸铁锂电池正迎来新一轮增长期，正极材料、负极材料、隔膜、电解液等关键材料市场持续扩张，产业配套能力不断增强，有力支撑了锂电池在储能领域的大量应用。随着锂电池行业骨干企业的迅速成长，规模经济效应日益显现，锂电池价格成本大幅下降，在储能领域应用的经济性更加可行。

二、存在问题

安全性存在隐患。锂电池在过充、过放、过热和机械碰撞等内外因素作用下，容易引起电池隔膜崩溃、内部短路，导致热失控进而引发安全问题。此外，锂电池目前采用的电解液多为易燃或可燃的有机溶剂，增加了发生火灾的隐患。传统的安全消防措施并不能有效抑制锂电池的热失控，会造成初期火灾迅速蔓延，进而演变为大规模的火灾。2017 年8 月至 2019 年 5 月间，韩国接连发生了 23 起储能电站火灾事故，韩国政府曾一度暂停了所有正在运行的储能电站项目，解决锂电池储能系统的安全问题成为重中之重。

政策标准及技术规范发展滞后。锂电池储能产业还处于孕育期，政策仍将是驱动市场发展的主要动力。目前我国在该领域的相关战略和政策研究不充分，缺乏有效的引导政策和激励措施，不利于锂电池储能产业的进一步做大做强。此外，我国锂电池储能的技术标准制定工作尚处于起步阶段，目前只发布了 1 项国标和 3 项团体标准。技术标准滞后已成为影响行业规范化发展的主要症结，可能导致储能项目设计过于简单、性能指标模糊、检验测试缺乏和安全隐患大等问题。

项目检测管理不系统、不深入。目前，在全国范围内还没有一家大规模的储能锂电池产品质量综合检验机构，部分检验项目和参数设置分布在全国十多个检验机构，大部分储能用锂电池产品的质量、安全性检验，特别是高电压、大电流、防爆等试验在国内仍处于缺失状态。一系列的储能电站事故暴露了储能系统检测和管理问题突出，在没有对储能系统的安全性和稳定性进行充分论证的情况下，不少公司或机构就急于上马储能项目，系统测试与验证期过短，有些技术门槛及安全措施没能严格到位，仓促交付现象突出。

三、主要启示

开展锂电池储能重大战略和政策研究。聚焦安全性、可靠性、 能源转化效率及寿命等关键问题，加强顶层规划设计，研究制定锂电池储能产业发展的重大战略规划，明确产业发展目标、突破方向和重点任务。研究促进锂电池储能技术与产业发展的技术路线图，不断完善政策机制和商业模式，培育龙头骨干企业，引导利益相关方共同努力，加快推动锂电池储能项目的应用落地。

推进重点技术标准的研制与实施。协调有关单位和标准化组织机构，组建锂电池储能标准化委员会和工作组。从系统应用的角度，全面开展对锂电池储能规划、设计、制造、运行、维护和回收等重点标准的研制，建立全流程各环节相互支撑、协同发展的技术标准体系，重点推进安全与环保标准的研制。积极参与锂电池储能国际标准化活动，牵头或参与研制锂电池储能的重要国际标准，提高国际影响力和话语权。开展锂电池储能技术标准的培训和宣贯，推动标准的应用实施。

深入开展安全质量检测和认证。开展锂电池储能适应性检测技术研究，开发高精度、高可靠性的测试技术和专用测试设备，提升检测设备的智能化水平和测试效率。完善储能电池电化学性能及安全性测试的评估方法与模型，增加运营管理阶段的检测频率，研究和建立锂电池储能系统安全性检测和认证制度。培育建设一批锂电池储能综合检测平台和认证机构，强化服务功能，防范和化解各类风险，推动锂电池储能产业健康可持续发展。

构建锂电池储能项目全生命周期管理体系。牢固树立全生命周期思想，针对目前锂电池储能项目建设和运营管理中存在的安全性、可靠性等问题，统筹考虑整个储能系统的设计、制造、安装、运行、维护和回收等全生命周期各阶段的关键要素和管理要求，加快实现全流程、全要素的精细化、系统化管理。

第三节　从全球乳业 20 强榜单看我国乳业的差距

一、背景

2019 年全球乳业 20 强排行榜中，雀巢（Nestlé）（243 亿美元）仍高居榜首，拉克塔利斯（Lactalis）（208 亿美元）紧随其后，两大巨头销售额差距进一步缩小；此外，排名依次是达能（Danone）、恒天然（Fonterra）、菲仕兰（Friesland Campina）。中国乳品企业伊利超越萨普托（Saputo），重回第八，持续位居亚洲乳企第一，蒙牛仍位列第十，两者稳居全球乳业第一阵营。从近五年全球乳业 20 强榜单看，国际乳业巨头阵营较为稳定，排名略有小幅变化，已连续三年无新成员上榜。排名前三位的企业雀巢、拉克塔利斯、达能优势突出，且地位比较稳定。榜单中半数企业来自欧洲，特别是前五强中除了恒天然，其他乳业巨头均为欧洲企业。中国企业实力强劲，伊利和蒙牛持续领跑亚洲乳品企业。

二、存在问题

我国上榜乳企发展势头强劲，但与国际巨头仍存在较大差距。2018 年，蒙牛实现营业总收入约 689.8 亿元，同比增长 14.7%，净利润 30.4 亿元，同比增长 48.6%；伊利实现营业总收入约 789.8 亿元，同比增长 16.9%，净利润约 64.5 亿元，同比增长 7.3%。与国际乳业巨头相比，伊利和蒙牛的营业收入只有雀巢（6620.4 亿元）的 1/10 左右，净利润只有雀巢（731.6 亿元）的 1/12.5、1/25。此外，在全球品牌价值评估权威机构 Brand Finance 发布的 2019 年全球最具价值品牌 500 强榜单中，伊利位列全球食品品类第四，雀巢居于首位。

我国乳业实施了全产业链布局，但上游奶源发展不乐观。近年来，国内各大乳企充分认识到奶源的重要性，通过参股、独资等形式，大力建设自有奶源，从牧草饲料种植、奶牛饲养到乳制品加工，实施了全产业链管理模式，但仍未从根本上解决国内原料奶的有效供应问题。目前，我国的奶牛、牧草、挤奶设备主要依靠进口，加之人工成本上涨、检测成本高居不下、环保成本进一步上升等因素,导致原料奶生产成本很高,尤其是饲料成本占到了原料奶成本的 67%左右,原奶价格甚至达到其他牛奶主产国的两倍,在国际竞争中处于劣势。此外,我国奶农和乳企利益联结机制不强,二者尚未形成协同共生关系,在产业链上下游利益分配、产业组织形式、奶农利益保护和环境污染治理等方面,与国际先进水平还有一定差距。从国际经验看,一些主要乳企和奶农通过合作社的形式联结经营,乳企会反哺奶农,以确保牧场和乳企发展的可持续性。比如,荷兰皇家菲仕兰在欧洲有超过一万多个自营牧场和两万名会员奶农,其成功秘诀之一就是企业和奶农通过合作社联结,利益共享,共同确保了原奶和产品的卓越品质;恒天然坚持生态环境和乳品发展并重,其源自新西兰的奶农合作社组织,其乳品供应链一体化发展,奶农是企业股东,可以参与从牧场到生产的整个流程,这一合作化组织模式有效保证了牛奶质量和奶农的利益。

我国乳业规模不断扩大,但产品结构单一、抗风险能力不强。当前,我国乳业产业链完善,生产技术先进,产品质量可靠,行业规模稳步提升。2018 年乳品市场整体增长趋势良好,全国规模以上乳制品企业 587 家,主营业务收入 3398.9 亿元,同比增长 10.7%,但我国乳业市场主要靠常温白奶、低温白奶、酸奶及乳酸菌饮料、婴配乳粉、风味乳饮料以及牛奶替代品等产品驱动。目前我国 60% 以上的原料奶用于生产液态奶和酸奶,20%左右的原料奶用于生产全脂奶粉,极少部分用于加工奶酪、奶油等产品,原料型的乳粉、干酪、奶油、乳清制品、乳蛋白产品几乎全部依赖进口,乳业产品结构较为单一,致使行业抗风险能力不强,市场波动或负面因素都会对行业产生冲击。此外,国内乳企在多元化布局方面与国际乳业巨头存在不小的差距,比如,作为此次榜首的雀巢乳业板块经营领域除了奶粉、牛奶、冷冻乳制品外,近年来在医疗、营养品、健康领域的投入明显增加。这种产品多元化布局不仅增强了抗风险能力,同时也有助于其挖掘新的利润增长点。

三、主要启示

建设乳业产业化联合体,保障优质原料奶供应。重视自有奶源建设,发挥龙头企业优势,着力组建乳业利益联合体,实现产业链上下游融合共赢。一是鼓励和支持乳业龙头企业向产业链上游纵向联合，与奶农、奶牛养殖专业合作社建立乳业产业化联合体，引导奶农、合作社从事标准化养殖和生产，降低经营主体的违约风险，保证优质奶源供应，完善乳业供应链体系，增加抗风险能力。二是着力优化乳企与奶农之间的利益联结机制，实行原料奶按质论价，加快形成有利于保障奶农利益和促进产业可持续发展的原料奶定价机制。三是积极推行"龙头企业+合作社+银行+奶农"的产业链合作模式，帮助乳业联合体成员扩大融资渠道，提高融资额度，扩大产业经营。四是加强大型乳企与区域型乳企、上下游企业以及联合体之间的横向联合，实现资源优势和渠道优势的有效叠加，探索建立乳业联合体生态圈。

加速产品多元化布局，延伸企业品牌优势。鼓励企业向高端、差异化产品方向发力，利用多元化布局开拓消费市场，辐射多元化消费群体，拓展企业品牌新价值。一是推动企业加深与全球高校、科研机构、合作伙伴的合作，重点提升企业营养技术研究实力，加强针对中老年人、年轻人、中小学生、婴幼儿等不同群体的营养研究，研发生产具有针对性功能、专业性产品。二是加大力度研发生产国内市场短缺、消费潜力大、增长快、附加值高的产品，比如奶油、奶酪、蛋白粉和蛋白液等。三是支持企业在深耕乳业板块的基础上，积极布局营养品、保健品及特医食品等大健康领域，实现多元化经营。重视多领域全产业链产品的品质管控网建设，从原辅料采购、生产制造过程到终端全产业链多个环节保障产品品质。

深化全球产业链布局，提升全球资源整合能力。大力推动企业从源头到终端各个环节的全球化布局，整合全球最优质的奶源、技术、人才等资源，提升国际竞争力。一是支持企业向产业链上游延伸，通过海外并购或参股，积极投资海外牧场，在全球黄金奶源带布局优质奶源基地，建立全球资源体系。二是鼓励企业在欧洲、美洲、大洋洲等乳业发达地区建立生产基地和研发中心，通过差异化的国际并购或战略合作，融合先进技术和创新人才，夯实全球产业链基础，完善全球研发创新体系。三是支持企业加大海外市场的营销投入力度，分梯度进行海外市场扩张，不断扩大企业自有品牌的对外输出规模，进一步提升国产品牌的国际影响力。

展　望　篇

第十三章

主要研究机构预测性观点综述

第一节　消费品

一、2020 年全球零售力量报告（德勤）

德勤全球零售力量报告是消费品领域的重磅报告，至今已连续 23 年发布年度报告，本报告基于 2018 财年（截至 2019 年 9 月）公司公开数据。报告显示全球零售 250 强 2018 财年共计创收 4.74 万亿美元，复合增长率达 4.1%。当前，全球经济受新冠肺炎疫情影响，正处于拐点。2020 年全球经济及零售行业前景尚未明朗，总体经济正向增长，但增长速率可能放缓。与此同时，消费支出增长率下降，多数国家通货膨胀率继续走低。对零售商来说，这一变化将意味着消费者支出增长放缓，消费价格上涨，并扰乱全球供应链。这个时代也是零售业快速发展的时期，零售业将变得更加有前景、有生机和简单便捷。随着消费者不断变化的需求以及技术的不断革新，零售业也将不断变革和产生新业态，从而能准确满足消费者需求。

一是按收入评选出全球 250 强零售商，2018 财年，全球零售 10 强创收总额占 250 强的 32.2%，2017 财年占比为 31.6%。全球零售 10 强收入增长率为 6.3%，高于零售 250 强的 4.1%。尽管面对激烈的市场竞争、人员成本不断增加、价格战以及对电商能力的投资等各类压力，全球零售 10 强的复合净利润率仍较 2017 财年上升 0.5 个百分点。全球 250 强零售的收入门槛为 39 亿美元，较 2017 财年的 37 亿美元有所提升，而平均规模则达 190 亿美元。

二是按地域、主要产品类别、电子商务活动及其他因素对零售商业绩进行分析。在全球零售 250 强中，快速消费品（快消品）企业数量占比最多（ 136 家）。2018 财年，快消品企业零售收入占收入总额的 66.5%。快消品子行业的公司有着最高的平均收入（ 2018 财年为 232 亿美元），但利润偏低，相较其他子行业，净收入利润率属最低（ 2018 财年为 2.0%）水平。全球零售 250 强中，2018 财年上榜的欧洲企业最多，有 88 家（ 34.4%），占收入总额的 34.4%。美国企业则规模最大，平均规模达 276 亿美元，远高于全球 250 强 190 亿美元的平均规模。

三是总结全球零售 250 强的近五年表现。尽管个别企业财富变化显著，但总体上呈现出极为稳定的业绩表现。零售收入同比增长率、净收入同比利润率小幅波动，企业国际化趋势尚不显著。

四是中国零售发展态势分析。2019 年中国国内生产总值增长速率创十年内新低，为 6.1%；贸易不确定性给供应链带来影响；新型冠状病毒又为 2020 年的发展笼罩一层阴云。尽管如此，中国持续迈向成为全球零售大国的目标。市场进入方面，沃博联已完成对国药控股国大药房多数股权的收购，开市客和阿尔迪正加速其进军步伐。中国国内，在全球增速最高的五大企业中，中国有两家，分别是唯品会和京东，而京东已名列全球零售商 15 强。更为重要的是，中国同样在带头推动以消费者动态为中心且线上和线下能力兼备的创新零售模式。

二、2020 年全球消费品及零售业并购展望（毕马威）

全球领先的独立市场研究咨询公司毕马威对全球各地区消费品工业情况、主要案例等进行分析，发布了《2020 年全球消费品及零售业并购展望》。

产业发展情况分析。消费品工业通过商贸流通环节反映和适应消费者行为变化、倒逼引领产品创新，这也是对政策、环境、科技最为敏感的行业之一，跨品类、地区的并购行为始终是推动消费品及零售业变革的重要途径。近年来，随着许多企业通过并购和重塑商业模式来应对不断变化的消费行为，获得企业所缺少的核心竞争力，例如，数字能力、分析、电子商务、现代化供应链和新产品类别；另一方面，并购行为自身深刻受到经济不确定性、贸易摩擦、地缘政治等因素影响。2019 年，消费品及零售业并购业务明显下滑，交易量和交易价值分别下降 5%和 30%，其中，美国领跌，亚太经共体略有放缓，欧洲实现温和增长。全年交易额达 2400 亿美元，食品和饮料、个人护理产品是最活跃领域。

2020 年形势预测。全球消费品及零售行业并购业务将有望保持健康发展水平，其中，将有更多与技术、生命科学、医疗保健行业相关的战略性收购行为和保证资产价值的小额收购。并提出三个重要的分析视角，一是重视大型交易的价值，注重企业创新、重塑供应链和重新定义消费模式的高策略性交易，特别是数字化、智能化转型和提高客户体验，预计 2020 年植物基食品、健康饮料、天然和有机美容护肤产品、清洁标签食品等领域将成为热点。二是绿色和可持续的消费，行业积极响应政府、非政府组织和消费者的建议，并通过将资本重新配置到更具可持续性的绿色消费产品中来审视未来的长期投资组合，例如，100%可回收包装、零碳排放生产、二手时尚品等。三是全球各区域分析，由于本土企业较强的消费创新能力及贸易紧张局势环节等外部因素，美国地区有望呈现持续的活跃性；主要受私募股权投资者和跨境买家的影响，欧洲地区具有延续温和增长态势的可能性；亚洲地区拥有庞大的消费基础，中国线上线下融合及日本在线商务的发展带来巨大活力，韩国、东南亚等地区具备长期投资潜力，但由于一些亚洲市场可能仍会对投资者实施更严格的监管审查和要求，2020 年的影响仍有待观察。

第二节 医药

一、2020 年医药行业发展 6 大展望（中国医药报）

一是注射剂一致性评价提上日程。化学药品口服固体制剂一致性评价在过去两年的工作迅速推进，国家药监局在 2020 年将注射剂一致性评价工作正式提上工作日程。随着通过评价的品种逐渐增多，预计会有更多的注射剂被纳入带量采购，产品价格或将大幅下降，但有部分企业将有望受益。其中，原来市场占有率较低的企业产品，如海普瑞药业的依诺肝素钠，有望凭借带量采购快速扩大市场份额；同时，药包材行业有望整体受益，其中，中性硼硅模（管）制瓶替代钠钙或低硼硅模（管）制瓶将促进行业大幅扩容，为掌握中性硼硅模（管）制瓶研发和生产能力的企业拓宽发展空间。

二是 PD-1 抗体药物竞争愈加激烈。2019 年年底，国内 PD-1 抗体药物市场正式形成了 6 家竞争的格局（国产 4 家、进口 2 家）。此前，PD-1 抗体药物的销售更多来自 off-lable（未经批准的适应证）的使用，预计从 2020 年起，国产 PD-1 抗体药物将逐步在大瘤种适应证上获批上市，如卡瑞利珠单抗治疗肺癌、食管癌、肝癌等，同时这些品种也有望逐步被医保药品目录纳入。未来国内 PD-1 抗体药物竞争的关键将在于能否快速拿下大瘤种适应证并顺利进入医保药品目录。除来自 label（适应证）方面的竞争外，对药企而言，如何提升临床推广能力也是一项巨大的挑战。长期来看，PD-1 抗体药物市场的竞争压力仍然较为激烈，2020 年医保谈判中 PD-1 抗体药物价格的变化也是关注重点。

三是生物类似药将迎来爆发元年。2019 年，国内首个生物类似药（复宏汉霖的利妥昔单抗）获批上市，之后齐鲁制药的贝伐珠单抗、百奥泰的阿达木单抗也陆续获批上市。2020 年也将有多个生物类似药有望获批上市，国内生物类似药有望迎来"大爆发"。虽然市场对生物类似药的带量采购较为担心，但由于带量采购的前提一般是某一品种有 3 家及以上企业获批上市。就目前情况看，生物类似药的带量采购仍有待时日。对于曲妥珠单抗等部分竞争格局较好的品种，达到 3 家及以上企业获批上市这一要求可能需要至少 2 年时间，同时对于后续申报的品种，如未纳入优先审评，审评进程将有所放慢，带量采购也随之推迟。虽然从中长期看，生物类似药可能面临价格压力，但考虑到市场空间较大，原研药几乎垄断了这一市场，因此，从中短期看，生物类似药的价格仍有望维持在相对合理的水平，相关企业也有望积累丰厚利润。

四是中药板块看到曙光。中药板块的激励机制难以像民营企业一样灵活，这种情况在一定程度上限制了企业的发展。然而，云南白药推行的将管理层与上市公司利益充分绑定的"激励基金+员工持股"等一系列制度，为其他同类企业提供了很好的范例。2020 年，东阿阿胶、同仁堂等中药老字号企业的混改也值得期待。同时，从样本医院统计数据看，中药销售下滑趋势有所减缓。在仿制药价格大幅下降的背景下，预计中药在医院和 OTC 端的竞争将呈现边际缓和的趋势。

五是流通企业估值处于历史低位。一方面，医药流通企业过去主要以销售医保传统品种为主，目前医保支出端的低增长限制了流通行业的发展空间；但值得注意的是，得益于创新药的快速上市，外资药企在我国的销售业绩持续增长。未来几年，创新药（自费药和通过谈判纳入医保药品目录的药品）的高增长能否给流通企业带来更多的业绩贡献，值得关注。另一方面，利率长期下行的趋势和带量采购政策对于回款的要求，有望降低流通企业的财务成本。同时，由于流通行业经历"两票制"后，集中度进一步提升，其估值处于历史低位。

六是进口替代仍是器械板块的发展主线。尽管医疗器械板块面临DRGs（疾病诊断相关分组）推广、高值耗材治理等中长期的外部不确定因素，但在很多细分领域，进口替代仍是大势所趋。目前，医疗器械国内细分领域行业龙头正不断推出新产品，有望缩小与外资企业的技术差距。高值耗材方面，电生理和骨科领域的脊柱和关节、心脑血管领域的起搏器、人工晶体等，国产化率仍有较大的提升空间。发光、血凝等领域仍是外资产品主导，其中发光领域的市场规模较大，国内企业的技术逐步成熟，正在逐渐替代进口产品。医疗设备方面，MRI（磁共振成像）、CT（X 线计算机断层摄影）、软性角膜接触镜等领域仍由外资主导，进口替代空间较大。

二、2020 中国医药行业的五大发展趋势（制药网）

2019 年，在带量采购扩围、新版医保目录谈判、医保控费这些医改政策影响下，有一批药企退出，行业格局发生大变革。进入 2020 年，政策改革边际影响降低，医药行业新篇章有望开启。

一是带量采购扩围倒逼药企创新，产业面临大洗牌。2020 年 1 月17 日，集中采购工作在上海招标产生拟中选结果。全国各地患者将于 4月份用上第二批集中带量采购中选药品。带量采购常态化将挤压药价虚高水分，惠及患者。面对市场新环境，中标药企有了销量的保证，由于营销投入减少，有机会加大创新药研发。例如，国内医药龙头企业恒瑞，其 2019 年第三季度的研发费用达 14.2 亿元，同比增长 91.0%。总体来看，创新是未来医药行业发展的关键词，整个产业都将面临大洗牌。

二是本土创新药企业将迎来重磅产品上市潮。2020 年，本土创新药企业蓄势待发，从优先审评名单中梳理出的或将于 2020 年上市的十款国产创新药来看，均为小分子药，国产大分子创新药则在 PD-1 单抗悉数完成 NDA 之后没多大动静。同时，国内创新药领域的投融资仍会较 2019 年增长，预计 2020 年全年投融资将在 200～210 亿元人民币。

三是跨国药企在中国发展势头强劲。跨国药企正在加速应对中国医药新政。目前，跨国药企在中国市场依然保持着高速增长的态势，除加快把自己的创新药引入国内以外，阿斯利康、百时美施贵宝等跨国药企通过降价参与带量采购，还有跨国药企加速进入医保准入谈判，新版医保目录中标的 52 种新增西药中，有 41 款均来自诺华、辉瑞等跨国医药巨头，占比近八成。此外，葛兰素史克、德国勃林格殷格翰、阿斯利康等跨国药企正瞄准中国基层市场，将其视为未来拓展的重要市场。但同时，推广能力要求提高、成本压力、营销效率等已经成为企业不容忽视的挑战。

四是 2020 年中药产业将迎来发展的拐点。一方面，中药行业面临更高的现代化发展要求。以中药配方颗粒为例，配方颗粒企业需要按照标准严格生产，同时保持产品质量的稳定。在制备过程中，配方颗粒监管全面化、生产标准化，产品质量稳定，是中药现代化发展趋势。另一方面，随着中药饮片和中药配方颗粒的技术不断成熟，以及系列利好政策支持下，具有很好的成长机会。

五是 2020 年 MAH 整合资源配置，推动产业升级。目前，我国开展 MAH 制度试点已近 4 年，在鼓励新药创制、优化资源配置、促进产业升级等方面取得积极成效。业内表示，MAH 制度试点大大激活了企业的创新活力，同时将有利于整合资源配置，推动产业进一步升级，并给具有强大生产制造和质量控制能力的药企带来诸多市场机会。

三、全球医药创新的生态及未来趋势（CFDA 南方医药经济研究所）

一是 2019—2022 年全球药品市场增速加快。预计未来几年世界药品市场将受到新一轮新药上市潮的拉动，世界处方药市场保持 6.5% 的年均增长率，提升到 2022 年的 10980 亿美元。世界非处方药物市场将

保持 8.4% 的年均增长率，增长到 2022 年的 4770 亿美元。

二是全球研发向亚太迁移。中国的药品审评审批标准将越来越接近发达国家或地区；以临床试验为例，其他国家或地区的临床试验结果将可以在中国使用，能避免重复试验，帮助进口药品更快地在国内上市。从 2018 年制药研发公司的地理分布（总部所在地）情况来看，整个制药行业的地理分布呈现向东迁移的态势。中国已成为亚洲最大的新药研发国，同时也是全球第四大新药研发国。

三是创新型药企为研发输注新鲜血液。近年，外资药企纷纷关闭或出售中国研发中心，其主要原因在于大型制药企业的研发效率不高，传统研发模式开始变革，转而与研发效率更高的早期研发型小企业合作。

四是 MAH 衔接初创企业与制药企业协同创新。目前全球前 10 的大药厂基本都是外部购买创新早期项目、进行后期开发为主。中国制药前 50 大企业，也纷纷涉足创新药领域。现阶段，中国实施的上市许可人制度（MAH）推动初创企业与制药企业的协同创新。预计到 2020 年，国内市场规模将达到 85 亿美元，约占全球市场比重的 9.7%。

五是生物仿制药市场方兴未艾。根据汤森路透的数据，目前有近 850 种生物仿制药在世界范围内开发或销售，其中约 125 个在进行临床试验，在世界范围内开发或销售超过 515 种改良型生物仿制药，其中 200 多个在进行临床试验。有了这样一个健康的发展管线，大约五年内，生物仿制药将超过其他创新产品。在研生物类药物的主要分布地区不是在原研药发达的欧美，排名第一的是中国大陆，第二是印度，第三才是美国。这一方面说明中国有巨大的市场需求，另一方面也说明中国生物类药物的竞争激烈。

第三节 食品

一、2020 年五大食品趋势的预测（FoodBev Media）

有意识的消费主义将再次成为 2020 年食品行业趋势的核心，消费者将继续把自己的健康放在首位。以下是英国媒体 FoodBev Media 对 2020 年五大食品趋势的预测。

一是健康零食。近几年来，零食的地位以及人们对零食的需求发生了巨大的变化。消费者现在追求的零食正朝着具有功能性且更健康的方向发展。零食市场近年来蓬勃发展。英敏特英国消费者零食调查2019的数据显示，66%的成年人每天至少吃一次零食。研究机构 Grand View 的数据显示，到 2025 年，全球健康零食市场规模预计将达到 329.9亿美元，年复合增长率为 5.2%。健康的零食提供了方便携带的选择，满足了消费者寻求方便和营养的需求。这一趋势促使蛋白质零食显著增多。像 Good! Snacks 发布的植物蛋白棒和 Optimum Nutrition 推出的protein ridges 咸味零食系列，可以为旅途中的消费者提供即食蛋白质产品。

二是减糖，减糖，再减糖。有健康意识的消费者更加喜欢购买有营养的零食，很多糖果品牌现在也正在减少产品中糖的含量，来释放"无罪感"的嗜好。其中一个代表性例子是亿滋国际（Mondelēz International）推出的，吉百利牛奶减糖30%巧克力（Cadbury Dairy Milk 30% Less Sugar chocolate），这被誉为吉百利"史上最重大的创新"。如果巧克力品牌巨头之一的吉百利能够有意识地，努力减少其产品中的含糖量，那么 2020 年，其他巧克力品牌也很可能会效仿这种减糖做法。政府的政策也紧跟减糖趋势，英国公共卫生部（Public Health England）在 2017 年树立目标——至 2020 年减糖 20%，以及 2018 年 4 月英国政府对软饮料征收糖税。2020 年将会有更多的新产品减糖或使用人工甜味剂。也可能会看到很多甜水果和蔬菜的糖浆被用来增加产品的甜度。

三是弹性素食。消费者一直都在寻找肉类替代品，零售商正在让这些选择变得更容易找到。根据一份由 Good Food Institute 和植物性食品协会委托的 SPINS 报告，仅在美国，植物性食品的零售额在过去一年中就增长了 11.3%，相比之下，食品总销售额只增长了 2%。现在，不管是纯素食者（Vegan）还是素食主义者，都对现有的植物性食品很感兴趣。弹性素食主义趋势明显，许多消费者都在有意识地决定减少肉类的摄入量，而肉类替代品既能提供肉类的味道，又能提供植物性食物的营养价值。同样，也开始看到乳制品和植物性替代品 1∶1 混合比例的增加。例如，美国奶农公司（Dairy Farmers of America）在其 Live Real Farms 品牌下，推出了一款不含乳糖的系列产品，将燕麦奶和牛奶，或者杏仁奶和牛奶按 1∶1 比例混合而成。

四是流行含酒精的饮料。近来，低酒精产品越来越受欢迎，这在很大程度上要归因于有健康意识的消费者的崛起。忙碌的千禧一代消费者希望在外出喝酒时减少糖和卡路里的摄入，以免第二天感觉糟糕。硬苏打水（含酒精的苏打水）和苏打水将是不错的选择。因为他们提供一些水合作用来降低酒精浓度，而且大多是无糖的。2019 年各类硬苏打水上市，比如百威英博的 Natural Light seltzer 系列。

二、2020 全球四大食品饮料行业趋势（Innova）

一是故事制胜（Storytelling：Winning with Words）。Innova 的消费者调研显示，消费者对发现食品背后故事的兴趣进一步上升。"可以了解食品原料的来源"是主要原因之一。消费者以前会看产品配料表，想知道产品有无添加剂等，而现在他们更看重原料来自哪儿，不同来源的原料意味着不同的品质。Innova 数据显示，全球有 56% 的消费者表示品牌故事影响他们的购物决策。基于消费者的诉求，制造商开始越来越重视原料来源，以突出其产品的口味、质量和独特性。如日本 BOKKSU 是一家提供日本零食订阅的企业，消费者每个月可以订购到丰富的日本零食盒。BOKKSU 提供全球免费配送，而且会根据季节、节日策划主题零食盒，让来自全球的消费者得到正宗的零食体验。

二是植物基革命（Plant-Based Revolution）。Innova 数据显示，2014 年至 2018 年间全球食品饮料新品发布中带有"植物基"宣称的产品年均复合增长率达 68%。消费者也对植物基有了一定的认知。根据 Innova 的消费者调查，消费者在购买肉制品替代品或乳制品替代品时，相比"适合素食者""适合纯素食者"，植物基更被倾向。Innova 指出，植物基饮食已从趋势进入食品革命阶段。一方面以 Impossible Food 为代表的植物肉企业通过汉堡王这样的餐饮渠道登上餐桌，另一方面如 Just Egg 等企业从零售端走入消费者视野。随着消费者对健康、可持续性和道德的关注度日渐增长，植物基市场迎来新的挑战——清洁标签。根据 Innova 的消费者调查，全球 2/3 的消费者表示会特意避免购买有十分难理解的原料的产品。

三是可持续浪潮（The Sustain Domain）。消费者近年来对可持续发展的期望超出以往，这推动企业优先生态效率方面的工作。Innova 的消费者调研，表明"希望企业能够投资可持续发展"的全球消费者占比从 2018 年的 68%上升至 2019 年的 87%。希望企业投资可持续发展的消费者，也愿意为企业在解决塑料废物和食品浪费问题方面所做的努力而"买单"。可持续发展在实践方面意味着什么？一是使用可再生能源。如英国咖啡品牌 GRUMPY MULE 投资建设了中美洲第一家太阳能植物干燥厂。二是对于使用塑料包装的食品饮料企业，消费者希望看到更多可回收塑料。三是对抗食物浪费。如日本 Food Passport 手机 APP，将全日本多家餐厅"打通"，会员餐厅间可共享多余食材，而消费者每月支付 980 日元后，可在这些餐厅享受 10 次用餐，菜品由共享的多余食材制成。

四是宏量营养的变身（Macronutrients Makeover）。宏量营养包括蛋白质、碳水化合物和脂肪。随着消费者越来越关注宏量营养，宏量营养健康相关产品开始多样化，不止于重新设计配方。主要表现，一是从单一元素到品类的转变，如莫斯利安今年推出低脂减糖酸奶，而喜力推出无酒精啤酒的新品类;二是转向更平衡和全面的理念，如日清推出 All-In Noodles 面条,每袋约提供人体每日所需 33%的营养,包括 13 种维生素、13 种矿物质和丰富的蛋白质、膳食纤维。

第四节 纺织

2020 年六大纺织转折趋势（中国纺织网）

2019 年 1—12 月，在国内外风险挑战上升的复杂背景下，我国纺机行业承压前行，行业主要经济指标呈现回落态势，但我国纺机出口仍保持小幅增长，进口则出现两位数的下降。

2019 年纺织行业发展总结。2019 年 1—12 月，675 家规模以上纺机企业行业实现营业收入 819.52 亿元，与上年同期相比减少 7.00%，增幅较上年同期减少 15.82 个百分点。资产总额为 1072.29 亿元，与上年同期相比增长 4.94%。受市场压力增大等因素影响，2019 年 1—12 月被调查企业开拓新产品市场进度较前三季度稍有提高。平均来看，新产品销售收入占企业销售收入 38.99%；总体来看，2019 年 1—12 月企业订单减少的比例较上年同期明显增加，较 2019 年前三季度有所降低，稍好于前三季度预期情况；国外订单较上年同期压力加大，较前三季度变化幅度较小。其中纺纱机械企业和针织机械企业订单持平或减少的情况较为明显。

对 2020 年上半年预测。一是订单方面，企业对 2020 年上半年预期不甚乐观。22.95% 的企业预计增长，16.39% 的企业预计与上年持平，60.66% 的企业预计 2020 年上半年订单会减少。来自国外的订单情况，20.69% 的企业预计会有增长，32.76% 的企业预计会与上年持平，而有46.55% 的企业预计较上年同期订单会减少。纺纱机械企业、织造机械企业、针织机械企业普遍不乐观；国际市场情况稍好于国内市场订单情况。二是对行业的判断及预期方面，企业态度与 2019 年前三季度基本持平但对未来预期谨慎。对 2020 年，企业预期不甚乐观，只有 14.75% 的企业持乐观态度，26.23% 的企业认为形势一般，59.02% 的企业认为不乐观。

第五节　轻工

疫情下的新机遇：2020 年智能家居行业或迎来高速发展（智家头条）

2020 年春节，新冠肺炎疫情的突然爆发，考验着中国的医疗救治能力，同时也考验着中国经济对突发事件的应对能力。受疫情影响，众多行业遭到严重的打击。智能家居作为新兴行业，其无接触式的交互方式，给疫情期间的人民带来安全、智能的生活体验，其优势开始凸显。长期来看，此次疫情将使得智能家居的认知度提高，行业会迎来新的发展机会。

我国智能家居行业发展趋势。中国智能家居产业联盟（CSHIA）与中国信通院联合发布的《2018 中国智能家居产业发展白皮书》数据显示，2018 年我国智能家居市场规模达 65.32 亿美元。细分市场中，家庭安防、智能照明、智能家电市场份额占比较高，分别为 28%、21%、16%。此外智能影音、楼宇对讲等占比均在 5% 以上。

　　新冠肺炎疫情下智能家居居家应用的主要体现。一是小区可安装人脸识别系统开门，避免刷卡、钥匙、把手接触式开门，减少病毒传染的风险。二是大楼室内可安装智能楼宇对讲系统和智能语音呼梯系统，可以帮助住户无接触交互控制电梯设备，即可呼叫电梯，进一步减少感染风险。三是住户室内可安装声控系统，进门后声控开灯、控制窗帘等，免除给开关消毒的步骤，进门口无须洗手消毒即可开灯。

　　新冠肺炎疫情下智能家居办公应用的主要体现随着时间推移，不少公司已经开始批量复工，免不了大量的人员上下班要进出小区和办公地点。很多办公区都采用了"通行证"的办法管理出入人员。所谓"通行证"其实就是一张小纸片，提前登记过证明没进入过重点疫区才会发放通行证。这种管理办法首先是要每天更新，确认信息的及时性，但是会不停地消耗大量的人力物力，还增加了与人接触的机会。在智慧办公区，进出办公区只需要刷脸即可，通过人脸识别确认身份信息，人员信息通过大数据智能分析，是否能开门进入，全部通过计算机处理，再辅助温感摄像头，可以精准地代替人为检测的工作。

第十四章

2020 年中国消费品工业发展走势展望

第一节　整体运行趋势

一、经济下行压力加大，结构调整阵痛延续

2020 年，受新冠疫情影响我国经济仍面临较大的下行压力，消费品工业生产增速将在现有基础上继续出现小幅下滑。

一是结构调整阵痛依旧存在，受复工复产、转型升级、成本压力等多重因素影响，企业生产运营将受到较大影响。

二是受居民消费增速放缓和国际主要经济体内需不振的双重影响将在一定程度上拉动生产端的下行。

三是纺织工业生产格局持续调整，受环保政策和产业结构调整影响，沿海地区产能向中西部省份加速转移。

四是食品工业受贸易摩擦和国内生产要素成本上涨因素影响，生产运营成本日益增高，产能规模增速面临持续下滑趋势，中小企业压力巨大。

二、外贸形势非常严峻，出口增速大幅下滑

2020 年，受全球新冠疫情影响，我国外贸发展面临的环境异常严峻，预计消费品工业出口增速仍将维持较低水平。

一是全球新冠疫情蔓延，经济增速放缓。欧美等主要经济体面临较大危机，英国硬脱欧风险接近临界点，居民消费品需求下降。

二是贸易紧张局势及其不确定性加剧。一方面，关税、限制目录等措施的实施导致产品出口受到冲击，特别是部分轻工和医药行业；另一方面，食品工业生产所需要的大宗原材料，如大豆、粮油、糖、乳清粉等，受全球新冠疫情影响面临价格上涨，一定程度上提高了生产成本，加之贸易局势趋于紧张，企业生产产品如食用植物油、乳制品、饮料等，纷纷转向供给和保障国内市场，导致出口交货值较大幅度下降。此外，纺织工业出口受国际市场需求减弱及新冠疫情影响，出口大幅下降，产业用纺织品、口罩、无纺布、防护服等防疫相关用品出口影响较小。

三、投资增速放缓，消费需求逐步释放

2020 年，国家各类稳定经济的政策加力增效，将在一定程度上推动投资消费回暖。

一是中美贸易谈判的再度重启及"六稳"政策的落地显效，国内经济平稳运行的积极因素增多，有望在第四季度企稳。

二是国家支持民营经济发展的相关政策措施陆续出台，企业家信心有所提振，民间资本在消费品工业固定资产投资中的占比有望回升。

三是国家多项举措鼓励发展消费新业态新模式，扩大消费规模，促进消费回流。国家发展改革委发布《进一步优化供给推动消费平稳增长促进形成强大国内市场的实施方案（2019 年）》，着力引导企业顺应居民消费升级大趋势，加快转型升级提供高质量供给，有助于推动后疫情时代消费增速逐步回暖。

第二节　重点行业发展走势展望

一、医药

2020 年，新冠疫情防控对药械及卫生用品需求加大，医药工业发展由高速增长转向高质量发展。同时，随着全球医药制造业向新兴国家转移，健康中国 2030 战略全面实施，国内健康消费升级加快，我国医药工业仍将保持较高速发展态势。但同时也面临部分品种仍存在阶段性供应短缺、产业创新力依旧不足、药品质量亟待提高、产品国际竞争力

有待提高等问题。鉴于此，赛迪智库提出了增强产业创新能力、提高药品医疗器械质量安全水平、多措施推动药品供应保障机制和多举措提升产业国际竞争力的相关建议。

（一）新冠疫情防控拉动卫生材料及药械产销增长

为做好新冠疫情防控，国务院组织重点物资生产企业的复工复产，抓紧组织原材料采购和产品生产，及时完成生产任务，并加强产品质量管理，确保物资符合相关安全标准。预计 2020 年，疫情防控将快速拉动药品和卫生用品产销增长，特别是以医用口罩、N95 口罩、隔离衣、医用防护服、医用护目镜、医用手套、医用酒精、84 消毒液等为代表的卫生材料及医药用品制造将实现最大增速。同时，以抗感染药物为代表的化学药，以肺炎疫苗为代表的生物药品制造，以及以诊断试剂、检测设备、负压救护车等为代表的医疗仪器设备及器械制造也将实现快速增长。

（二）全球医药市场格局面临变革，制造业向新兴国家转移

据 IMS 统计，2013—2018 年全球医药市场规模年均增长率约为 3.2%，预计 2019 年市场规模将超 1.2 万亿美元，且未来 5 年仍将保持 3%左右的增速。其中，生物创新药迅猛发展，近五年年均增长 8.7%，预计 2019 年市场规模将达到 3750 亿美元，重点产品包括抗体药物、丙肝药等。从区域看，中国等亚洲地区国家的药品专利制度逐步完善，凭借劳动力成本优势和固有成本优势，全球医药 CMO 市场正持续从西方成熟市场转移至亚洲新兴市场。同时，全球医药消费市场增长重心也从欧美等主流市场向新兴国家转移。预计 2020 年，全球医药市场规模增速将维持在 3%左右。未来 3 至 5 年，东南亚、东亚和拉美等区域新兴国家医药制造业年均增长率将超过 10%，成为全球医药行业的主要驱动力量。

（三）国内生产保持中高速增长，工业增加值占比提高

2019 年 1—9 月，我国医药工业生产保持较高速增长，规模以上医药工业企业工业增加值同比增长 7.8%，高出同期整个工业增速 2.2 个百

分点。比上年同期工业增加值增速下降 2.4 个百分点。1—9 月，医药工业增加值占整体工业比重为 3.6%，较上年同期占比提高 0.2 个百分点，对我国经济发展的贡献逐步加大。预计 2020 年，随着供给侧结构性改革、仿制药一致性评价和药品全生命周期管理等政策措施的深入落实，新冠疫情防控重点物资生产企业的复工复产和调度安排工作，我国医药工业向高质量发展的步伐将不断加快。医药工业增加值将维持 8%～10%的增速，在工业增加值中的占比有望进一步提升至 3.7%。

（四）主营业务收入稳定增长，卫生材料将实现最大增速

2019 年 1—9 月，规模以上医药工业企业实现主营业务收入 20172.6 亿元，同比增长 8.3%，增速较上年同期下降 4.9 个百分点。各子行业中，化学药品制剂制造和中成药制造两个子行业对主营业务收入贡献最大，贡献率为 51.0%。增速方面，化学药品制剂制造、生物药品制造和卫生材料及医药用品制造三个细分行业增速最快，分别为 11.8%、10.3%和 9.5%，中成药制造由于政策影响表现欠佳，增速仅为 7.9%。中药饮片加工是唯一出现负增长的子行业，增速为-1.8%，比 2018 年同期降低 11.4 个百分点。预计 2020 年，随着医药行业的市场准入规定发生改变，医保目录调整，以及新冠疫情防控，我国规模以上医药企业主营业务收入增速将维持在 8%～10%，特别是卫生材料及医药用品（医用口罩、防护服、防护镜等）制造企业主营业务收入增速将大幅度提升。

（五）行业盈利水平下降，生物药品利润增速大幅提高

利润总额方面，2019 年 1—9 月，规模以上医药工业企业实现利润总额 2675.2 亿元，同比增长 10.5%，相比上年同期增速下降 2.6 个百分点，行业盈利水平降低。各子行业中，化学药品制剂制造和中成药制造对利润总额贡献最大，贡献率高达 51.7%。增速方面，生物药品制剂利润增速大幅上升，高达 20.8%，化学药品制剂制造和卫生材料及医药用品制造小幅提升，分别为 14.4%和 15.3%，其他子行业利润增速相比上年同期均出现不同程度回落。预计 2020 年，我国医药行业盈利压力依旧存在，有利因素包括医药企业创新成果突出，一类新药不断获批上市；不利因素包括企业成本压力增加，药品注册标准提高、一致性评价、临

床试验成本提高等都大幅增加企业研发支出。预计 2020 年，我国规模以上医药企业利润总额增速将维持在 8%～10%。

二、纺织

（一）生产和投资增速下滑明显，产能利用率偏低

受全球疫情及经济下行压力影响，行业整体生产和投资增速明显下滑。虽然企业上半年逐步复工复产，但企业产能利用率整体水平偏低。以印染行业为例，中国纺织工业联合会调查显示，截至 2020 年 4 月超六成企业产能利用率未达到上年同期水平的 70%，其中达到 2020 年同期水平 50%～70% 的企业比例最高，为 34.69%；24.49% 的企业达到上年同期水平的 70%～90%，仅 8.16% 的企业产能利用率达到上年同期水平的 90% 以上。总体看，受生产不足、订单不足及库存压力的影响，2020 年行业整体产能利用率较低。

（二）纺织服装国内外需求不足，订单不足问题凸显

受全球疫情影响，国内外对纺织服装的需求不足，出口订单显著下滑。我国疫情防控形势虽然稳步向好，但内需市场并未出现反弹式增长。主要原因有两个，一是出于防疫需要，国内商业活动仍未完全恢复正常，社交活动减少也影响纺织服装类商品消费需求；二是服装类商品需求弹性相对食品、日用品更高，在当前经济及就业形势压力较大的情况下，纺织服装类产品成为消费者压缩支出的对象。我国出口产业链规模较大，内外销产业链本身也有明显差异，内需市场增长动力不足，进一步加大了出口企业转销内需市场的难度。

（三）行业整体库存压力大，中小企业资金周转困难

受需求低迷、销售渠道不畅影响，疫情发生以来，纺织原料及产成品价格总体处于下行通道。由于毁约、退单、拒收等现象频出，加之市场需求不足，纺织企业原料及成品库存积压情况比较普遍，市场价格持续下行引起企业库存亏损增多，资金周转压力加大。中国纺织工业联合会调查显示，总体看，企业普遍存在资金紧张的问题，存在

资金紧张的产业集群（园区）比例占 50%左右，其中中小微企业资金压力尤为突出。

三、食品

（一）受全球疫情影响贸易风险加剧

部分食品行业贸易依存度较高，受疫情影响，重点原配料出现短缺。原料方面，高油大豆、食糖等呈结构性短缺，重点产品进口市场高度集中，我国企业缺乏定价权，受国际贸易和价格波动影响大。食品配料方面，我国在功能油脂、益生菌株、发酵剂、酶制剂等方面缺乏自主产权，主要产品进口率在 70%以上，影响下游产业较多，存在一定供给风险。婴配乳粉行业，由于乳清粉、结构油脂、乳铁蛋白等主要配料基本依靠进口，面对主产国开工不足、货运能力受限、质量降低等问题，可能造成国内企业较大面积减产和停产。

（二）产业链整合速度加快

传统食品行业市场增速放缓、竞争日益加剧，国内食品企业正在积极采取横向兼并、进入细分领域跨界合作、轻资产化运作、渠道拓展整合等一系列应对措施，加快产业链整合，创新商业模式。同时，大中型食品企业开始从食品标准、行业准入、市场环境和安全监管等关键环节构建入手，进一步整合优化产业链。通过加快产业链一体化整合，压缩与转移成本，提高盈利能力，倒逼食品行业向规模化、集约化发展。

（三）多元化产品需求依然旺盛

居民年龄结构和消费需求变化持续推动产业供给侧改革，要求提供与之相适应的更加安全、健康、营养的高品质、多元化产品。当前及未来一段时期，随着我国人口老龄化进一步加剧，老年食品、保健食品、特殊医学用途配方食品及专业化配餐的市场需求旺盛；城镇化进程持续推进、居民收入水平提高，带动绿色食品、有机食品、嗜好食品、休闲食品等消费。疫情也引发了消费者对提高免疫力、补充维生素矿物质等保健食品的重点关注，互联网搜索量和部分产品销量得到明显提升。

四、轻工

（一）行业整体将呈现下滑态势

2020 年受全球疫情的影响，日化、家电、玩具等产品的国内外需求下滑明显。此外，受原材料和复工复产等成本的不断上涨，轻工产品价格优势逐渐丧失，再加上海外市场不断萎缩、贸易壁垒不断提高、科技创新能力低、品牌附加值不高、中小企业融资困难等突出问题，2020年我国轻工行业发展形势依然严峻，预计轻工行业生产增速较 2019 年有大幅的下滑。

（二）消毒除菌类家电较快增长

受疫情影响，消费者对于除菌、杀病毒功能的轻工产品需求大增。从京东、苏宁、国美等大型电商平台数据看，空气净化器、消毒柜、洗手机、除菌洗碗机等常见除菌消毒类家电市场销售量较大，此外，紫外线灭菌灯、电动拖布、蒸汽拖把等一些新型消毒除菌类产品市场增长较快。奥维云网（AVC）线上监测数据显示，新冠疫情暴发后，线上清洁品类中的蒸汽拖把 2020 年第一周到第五周累计销量 6.9 万台，电动拖把 3.4 万台。

（三）行业格局分化，整合加快

2020 年，轻工产业发展将进一步呈现格局分化。随着国家淘汰落后产能政策的不断深入，印染、化纤、造纸、皮革、铅蓄电池等行业的市场进入条件将不断提高，整合速度进一步加快。如造纸行业，随着快递包装行业的发展以及国家政策环境的推动，造纸行业或将迎来新的发展机遇。预计 2020 年以后，我国纸箱产业（包括包装纸板和加工纸箱）整合度将快速提高，国际竞争力逐渐提高。同时，国家加大对具有自主知识产权、自主品牌的轻工企业进行扶持，培养一批具有国际影响力的跨国企业集团。

后　记

为全面展示过去一年国内外消费品工业的发展态势，深入剖析影响和制约我国消费品工业发展面临的突出问题，展望未来一年的发展形势，我们组织编写了《2019—2020年中国消费品工业发展蓝皮书》。

本书由刘文强担任主编，代晓霞负责书稿的组织编写工作。在本书的编写过程中，得到了消费品工业司高延敏司长等诸位领导的悉心指导和无私帮助，在此表示诚挚的谢意。

本书是目前国内唯一聚焦消费品工业的蓝皮书，我们希望通过此书的出版，能为消费品工业的行业管理提供一定的指导和借鉴。由于我们的研究水平，加之时间仓促，书中一定存在不少疏漏和讹谬之处，恳请各位专家和读者批评指正。

中国电子信息产业发展研究院
消费品工业研究所

赛迪智库

面向政府　服务决策

思想，还是思想
才使我们与众不同

《赛迪专报》	《安全产业研究》	《产业政策研究》
《赛迪前瞻》	《工业经济研究》	《军民结合研究》
《赛迪智库·案例》	《财经研究》	《工业和信息化研究》
《赛迪智库·数据》	《信息化与软件产业研究》	《科技与标准研究》
《赛迪智库·软科学》	《电子信息研究》	《无线电管理研究》
《赛迪译丛》	《网络安全研究》	《节能与环保研究》
《工业新词话》	《材料工业研究》	《世界工业研究》
《政策法规研究》	《消费品工业"三品"战略专刊》	《中小企业研究》
		《集成电路研究》

通信地址：北京市海淀区万寿路27号院8号楼12层
邮政编码：100846
联 系 人：王　乐
联系电话：010-68200552　13701083941
传　　真：010-68209616
网　　址：www.ccidwise.com
电子邮件：wangle@ccidgroup.com

赛迪智库

面向政府 服务决策

研究，还是研究
才使我们见微知著

规划研究所	知识产权研究所	安全产业研究所
工业经济研究所	世界工业研究所	网络安全研究所
电子信息研究所	无线电管理研究所	中小企业研究所
集成电路研究所	信息化与软件产业研究所	节能与环保研究所
产业政策研究所	军民融合研究所	材料工业研究所
科技与标准研究所	政策法规研究所	消费品工业研究所

通信地址：北京市海淀区万寿路27号院8号楼12层
邮政编码：100846
联系人：王 乐
联系电话：010-68200552　13701083941
传　　真：010-68209616
网　　址：www.ccidwise.com
电子邮件：wangle@ccidgroup.com